거버넌스 지방정치론

거버넌스 지방정치론

이형용 지음

거버넌스 시대의 지방정치 길잡이

삶은 꿈이요
산다는 것은 꿈꾸는 것이며
모든 이들이 아름다운 꿈꾸기를
휴머니스트는 영원히 꿈꾼다
옛날에
혹은
먼 훗날에

가이없는 사랑과 희생으로

큰 인연 주신

아버님 영전에

그리고 어머님께

거버넌스 지방정치론

진영대립을 넘어 민주주의
성숙을 고민하는 교양시민들께

한국의 미래는 지방에 달려있습니다. 우리 옛말에 "변죽을 울리면 중앙이 운다" 는 것처럼 국가의 활력도 민주주의 혁신도 지방에서 시작됩니다. 바로 풀뿌리 민주주의의 기초입니다.

그런데 다 아시는 것처럼 지방은 위기입니다. 사망자가 출생자를 앞서는 인구데드크로스를 맞이한 이래 지역의 인구소멸이 눈앞의 현실로 다가와 있습니다.

이러한 위기의 시기일수록 새로운 지역 비전을 창출하고 지역의 역량을 결집하여 지역의 위기를 타개하고 지속가능한 미래를 개척해 나가는 것은 지역 정치의 몫입니다. 그런데 많은 경우 중앙정치의 기능부전만큼이나 지방정치도 난맥상을 보이고 있는 것이 안타까운 현실입니다.

오늘날은 거버넌스 시대입니다. 사회가 다원화하고 교차되는 시대에 지방정치의 역동성을 회복하고, 지역의 활력을 만들어나가기 위해서는 구시대적인 권위주의적이고 관료주의적인 지방정치가 달라져야 합니다. 그 방향은 이 책에서 제시하는 바와 같이 지역사회 공동체의 모든 부문과 영역들과 다양한 주체들이 함께 지역 공동체의 운영에 참여하는 거버넌스 지방정치로의 전환이라고 할 수 있습니다. 지역의 변화와 혁신, 지속가능한 활력 창출은 지방 관료, 지방 정치인들만의 몫이 아니라 지역 주민을 중심으로 모든 주체들이 함께 비전과 전략을 만들고 권한과 책임을 공유하고 파트너십으로 함께 하면서 신뢰를 축적할 때 가능한 것입니다.

이 책은 그와 같은 거버넌스 패러다임의 관점에서 오랜 현장실천의 경험에 기반하여 선구적인 혜안으로 거버넌스 시대 지방정치의 앞길을 밝히고 있는 빼어나고 귀한 저작입니다.

내용의 구성을 보면 지방정부론·지방행정론뿐만 아니라, 지방의회론, 지역시민사회론, 분권자치운동론, 그리고 궁극에 민주주의의 새로운 전망까지 제시하고 있습니다.

이 책은 한국사회의 미래를 이끌어 갈 지방 정치인과 지역의 다양한 부문영역 활동가들은 물론이요, 진영대립을 넘어 민주주의의 성숙을 고민하는 모든 분들, 특히 교양 시민들께 일독을 권하며 기쁜 마음으로 추천합니다.

임 현 진
서울대학교 명예교수
대한민국 학술원 회원

[책머리에]

휴머니즘 거버넌스국가를 전망하며 새로운 지방정치를 그리다

우리는 일찍이 거버넌스는 21세기 국가비전과 발전 전략, 지역 발전 전략, 나아가 민주주의 패러다임의 질적 심화·진화와 역사발전의 새로운 비전 차원까지 아우르는 것이며, 이처럼 포괄적인 시야와 미시적인 측면을 함께 볼 수 있을 때 비로소 거버넌스의 의의를 제대로 이해하고 새로운 전망을 열어가는 동력을 보다 잘 조직할 수 있을 것이라고 하였습니다.

바야흐로 거버넌스가 대세입니다. 로컬거버넌스 주창, 주장을 두고 말하면, 지방선거 극면에서 거버넌스 내지 로컬거버넌스 이야기를 거의 혹은 전혀 듣지 못했던 2000년대는 논외로 하더라도, 아마도 처음으로 로컬거버넌스 이야기들이 등장하기 시작한 2010년, 2014년 당시와 비교해도 격세지감을 느끼게 합니다.

실제로 민선 5기 이래로 로컬거버넌스의 다양한 시도와 노력들이 있었습니다. 지방정부 주요 비전의 하나로 협치를 추진하는 사례도 나타났고, 우수한 거버넌스 사업 사례들도 많이 작성되었습니다. 사회운동가 혹은 시민운동가들 가운데도 거버넌스를 행정의 행태나 행위양식, 즉 행정혁신의 문제를 넘어 사회발전 내지 민주주의 진화의 패러다임으로 이해하고, 거버넌스를 사회운동 내지 민주주의 캠페인으로 진지하게 고민하고 실천적으로 모색하는 흐름이 형성되고 있습니다.

그렇습니다. 결국 거버넌스는 패러다임의 문제이고, 민주주의의 진화의 문제입니다. 그리고 한 국가 사회에서 거버넌스 캠페인의 총화와 매듭은 다원영역체제 '거버넌스국가' 구현으로 귀결될 것입니다. 나아가 마침내는 세계의 선진화善進化 과정의 총체로서 글로벌거버넌스의 지난하고 오랜 진화 과정을 거쳐 미답의 영역인 다원적이고 민주적인 휴머니즘 세계정부(국제기구로서의 UN이 아니라)의 지향, 그리고 차이를 다만 차이로 인정하면서 모두가 자유롭게 자아실현하는 성숙한 휴머니즘 사회체제의 지향과 함께하리라고 전망할 수 있습니다.

거버넌스 패러다임은 궁극적으로 행정, 경제, 산업, 과학, 교육, 복지, 문화, 예술, 종교, 봉사 등 사회 모든 부문영역이 대등한 위상에서 전체사회 및 공공의 운영, 의사결정과 집행, 자원 배분에 참여하는 다원 영역 사회운영체제를 전망합니다. 그리하여 21세기 '신복지사회' 지향과 조응·병행하는 국가사회공동체 운영의 선진 미래 패러다임이 되는 것입니다.

　신복지사회는 21세기에 국가사회공동체 경영의 본원적 내용이 될 것입니다. 신복지사회는 21세기에 국가 경영의 본질적 목표이자 내용이자 나아가 이유이어야 합니다. '신', '새로운'의 의미는 20세기까지와는 다른, 질적으로 도약한 새로운 시대를 전망하는 '삶의 양식의 진화'의 요구를 담고 있는 것입니다. 구복지가 그 다양한 변이와 주장들에도 불구하고 '사회적 약자'의 '생존'과 '인권'에 관심을 가졌다면, 신복지는 '사회구성원 모두'의 '온전한 전인적 향상', '삶의 총체적 양상의 회복'에 관심을 갖는 것입니다. 이를 조금 더 들여다 보면 첫째, 육체적, 사회적 건강과 복지뿐만 아니라 이른 바 정신적, 영적 건강과 복지를 실현하고자 하는 것입니다. 둘째 사람들에 고유하게 내재한 감성-이성-영성의 균형 잡힌 계발과 향상을 실현하고자 하는 것입니다. 셋째 경제사회적 맥락에서 '부의 성장과 분배', '생존', '사회통합 비용'에 협소하게 국한된 주목에서 벗어나 '가치와 의미의 계발과 재구성', '내적 충일'(존재의 자유), '사회의 성숙·진화'에로 시야와 관점을 드넓히고 높이는 것입니다. 요컨대 신복지사회는 20세기에 이미 성취한 생산력의 고도화=고도산업화와 사회정치적 민주화 성과를 토대로, 모든 사회구성원들이 '저마다의 관심, 저마다의 위치, 저마다의 색깔 따라 저마다 원융한 인격으로의 향상'을 꾀하는 것을 북돋는 사회적 에너지의 창발, 원숙한 사회로의 진화를 적극적으로 전망하려는 것입니다.

우리는 21세기 환경 속에서 함께 만들어갈 공동체 경영의 내용과 운용 패러다임을 아울러서 우리 공동체가 나아갈 길을 제시하는 국가비전으로서 '신복지사회 거버넌스국가'를 제안하는 것입니다.

'신복지사회 거버넌스국가'의 비전은 산업화, 민주화를 축으로 한 20세기 근대화 국가를 넘어서는 21세기 원숙한 다원적 문명국가의 비전으로, 능히 새천년의 새로운 문명을 전망하는 기반을 모색하는 비전이기도 합니다. '신복지사회 거버넌스국가'의 비전은 장차 지구촌 민주주의=민주주의 세계정부를 선도할 인류공동체 경영의 전망을 모색하는 비전이기도 합니다.

갈 길은 멀고도 멉니다. 거버넌스국가 구현을 지향하는 거버넌스 캠페인의 현단계 과제는 로컬 차원에서는 개별적인 사업과 사례를 넘어 로컬거버넌스의 온전한 모델, 즉, 거버넌스형 지방정부의 모델을 창출하는 것입니다. 그것은 국가거버넌스의 기초와 현실적 토대를 점검하고, 다지고, 그 구체적인 비전을 작성하면서 거버넌스국가 캠페인의 동력을 준비하고 확충해 가는 것과도 연결되겠지요.

　이 책은 단편적인 거버넌스 지방행정 혁신, 지방의회의 변화, 시민사회의 강화 등의 이슈나 과제를 다루는 것을 넘어서 한 번 로컬거버넌스의 총체적인 조감도를 제시할 때라는 문제 인식에서 발간하는 것입니다. 다만, 작심하고 들어앉아 일필휘지로 써내려간 것이 아니라, 로컬거버넌스의 온전한 상像과 체계를 늘 염두에 두고서 과제를 수행하거나 발표한 글과 아이디어를 이번 기회에 하나의 거버넌스 지방정치론 체제로 엮어 발간하는 것입니다. 민선 8기에는 어디선가는, 어느 지역에선가는 꼭 온전한 로컬거버넌스 모델체계구축 작업이 이루어져야 하리라는 절실한 기원이 있거니와, 이 책이 길잡이의 일부로서 쓰임이 되었으면 하는 바램이 담긴 것입니다. 거버넌스 지방정치론이라 했지만, 당연히 거버넌스 국가론, 거버넌스 정치론과 겹치고 그 일부가 될 것입니다.

　허락된다면 한두 달만이라도 시간을 내서 글쓰기에 집중하고 싶었으나, 작년 초부터 지금껏 사정이 여의치 않습니다. 그와 같은 형편이다 보니, 이번 민선 8기 출발 즈음에 책으로 만들지 못하면 계속 미루다 영영 기회를 놓칠 것 같다는 생각이 들었습니다. 그래서, 1년 안에 수정보완본을 내자는 스스로 속다짐에 기대어, 과연 지켜질지는 솔

직히 장담이 안됩니다만, 민망함을 내려 놓고 일단 저지르기로 하였습니다.

 초고를 읽고 출판을 지지해 준 박상필 교수님의 변함없는 성원에 감사드리며, 공을 들여 진지하고 세심하게 조언해 준 이상화 박사께 각별한 고마움을 전합니다. 응원을 보내준 이효주, 정현호, 조은주, 이정인 젊은 벗들의 우정을 간직하겠습니다. 경륜과 지혜로 한결같은 내리 정성으로 채워주시며 격려해 주시는 김영래, 임현진, 박승주, 박재완 거버넌스센터 자문위원님, 그리고 오랫동안 지켜봐 주시고 북돋아 주시는 이남곡 선생님께 머리 숙여 감사드립니다.

 보이는 보이지 않는, 더 나은 세상, 아름다운 세상을 향한 마음들, 뜻들, 움직임들, 인연들, 바램들 바램들. 마침내 그와 같이 자유하기를 ….

임인년 여름, 이형용

목차

서. 시대의 전환 한가운데서 민주주의를 묻는다

1. 전환의 시대 ... 20
2. 메타의 시각 : 엘리트주의의 위기 혹은 파탄? ... 23
3. '다음'을 열자 : 온갖 형태의 우월주의와 권위주의를 넘어 ... 26

1장 : 혁명 이상의 차분한 혁명

1. 근대 정치 체제와 거버넌스 ... 30
2. 거버넌스의 등장 ... 37
3. 거버넌스의 구조와 핵심 요체 ... 44

2장 : 분권자치는 거버넌스다

1. 지방자치와 지역혁신 ... 62
2. 자치분권의 현실과 제약 ... 67
3. 거버넌스 패러다임과 분권자치 캠페인 전략 ... 74

3장 : 천千의 지방 천千의 정부

1. 지방정부 기관구성 형태   84
2. 외국의 지방자치와 지방정부 기관구성   90
3. 지방자치단체 기관구성 개선 방향 - 로컬거버넌스 맥락에서   102

4장 : 거버넌스 시대 지방정부를 위하여

1. 로컬거버넌스의 층위와 차원들   112
2. 거버넌스형 지방정부 운영의 준거원리와 요체   120
3. 지방정부의 거버넌스 추진 원칙과 과제   135

5장 : 거버넌스 시대 지방의회를 위하여

1. 지방의회 위상 제고 캠페인   146
2. 로컬거버넌스와 지방의회의 역할 강화   151
3. 지방의원의 새로운 역할모델과 의정활동   156

6장 : 거버넌스 시대 지역시민사회를 위하여

1. 한국시민사회의 성찰, 변화와 혁신의 모색   164
2. 로컬거버넌스 활성화를 위한 지역시민단체의 역할   174
3. 지역시민사회 강화를 위한 지방정치의 과제   181

7장 : 로컬거버넌스 총괄체계 : '다음'을 내다보며

1. 민주주의 진화의 현실태   194
2. 로컬거버넌스에서 총괄체계의 위상과 인도引導 원리   200
3. 로컬거버넌스 총괄체계 구성과 운용   204

결 : 남는 과제, 남기는 물음들

1. 남는 과제, 남기는 화두   210
2. 마지막 물음들   212

덤 : 사례를 통해 나아가다

로컬거버넌스 사례	216
지방의원의 거버넌스 의정활동 사례	234
민선6기 경기연정 사례	245
외국 지방정부 기관구성 사례	260
주	274
추천의 글	282

[서]

시대의 전환 한가운데서 민주주의를 묻는다

1. 전환의 시대

지금은 가히 전환의 시대입니다. 주요한 역사 시기 마다마다 당대인들 가운데 사회 변화에 예민하거나 예지력 있는 이들은 거의 예외 없이 격변을 이야기한 줄 압니다. 그러나 그럼에도 불구하고 우리 시대를 특별한 시기, 복합전환의 시대라고 한들 조금도 과하지 않습니다.

생태 환경 측면에서 이른바 기후변화, 기후전환의 시대가 도래하고 있습니다. 혹은 도래했습니다. 사막화니, 온난화니 20세기 후반 이래로 이미 수다한 경고와 예측이 없지 않았습니다만, 최근래 양상은 지구생태계 그리고 인류 존망의 비상한 시나리오들을 실감나게 받아들이게 하고 있습니다.

산업경제 측면에서 4차 산업혁명이 가속화하고 있습니다. 불과 4, 5년 전 용어가 처음 등장할 때만 해도 말장난 아니냐는 이야기들도 없지 않았습니다. 그러나 이제 디지털 트윈, 빅데이터, AI, 플랫폼 등은 산업경제, 나아가 생활 속의 일상어가 되었습니다.

보다 근본적이라면 근본적인 것은 인문적 측면에서의 극적인 양상들입니다. 소설적 공상 혹은 과학적 상상력으로 주로 그려지던 미래, 예를 들어 사이보그, 설계인간, 인조인간, 메타인간들이 이제 일반인공지능, 게놈 가위 따위의 등장과 함께 '트랜스휴먼'trans human의 이름으로 현실의 의제가 되고 있습니다.

그에 걸맞은 듯시리 인류의 시간과 공간은 새로운 경계를 열어가고 있습니다. 실시간은 이제 전 지구적 범위에서 일상이 되었고, 스페이스(우주), 메타버스가 생활공간으로 등장한다는 사실은 호모 사피엔스가 다른 차원의 일상 공간에 발을 들여놓고 있음을 의미합니다.

정치사회 측면에서는 복합적인 포스트 증후군 속에 공동체의 위기 양상이 확대·확산되고 있습니다. 탈냉전 이후 세계체제는 EU 등장 이래로 포스트세계화 모색이 현실이 되고 있으나 글로벌거버넌스의 전망은 아직 안개속입니다. 그 와중에 온갖 형태의 포퓰리즘, 근본주의, 전체주의, 복고의 유혹들도 카멜레온처럼 다채롭게 어지럽습니다. 위기와 전환의 시대에 공동체 전체가 나아갈 방향과 비전 제시, 그에 따른 공동체 자원 배분에 관한 의사결정과 집행, 그를 둘러싼 일련의 과정을 통해 결과적으로 공동체의 통합과 향상을 유지하고 견인해야 하는 정치사회가 만성적인 기능부전에서 헤어나지 못하고 있는 모습입니다.

근대체제, 근대 민주주의 위기가 일상이 된 가운데 확실한 대안은 아직 현실 속에 각인되고 있지 않습니다. 한편으로 성, 세대, 종족 등 정체성 담론이 득세하며 공동체는 분열과 해체를 가속화하는 양상입니다. 우리는 시대의 전환 가운데서 민주주의를 묻고, 다음 민주주의의 길을 찾지 않을 수 없습니다.

달리 이야기 할 수도 있겠습니다. 아니, 다른 이야기를 하고자 합니다. 이 같은 위기 담론, 전환 담론들이 넘쳐나는 것은 한편으로 그간 인류에게, 우리에게 사회의 미래를 일상적으로 예측하고 능동적으로 대비하려는 의지와 능력과 여력이 신장된 상황, 즉 전체 인류와 우리 사회의 진보의 현실과도 무관치 않다고 읽습니다.

2. 메타의 시각 : 엘리트주의의 위기 혹은 파탄?

가. 현대 정치·사회 체제의 한계 : 엘리트 대의체제의 시효

현대사회 위기, 정치 사회의 위기와 관련하여 우리는 '엘리트주의 위기'에 주목합니다. 전 사회적으로 혹은 역사발전 상에서 대리 대표제 = 엘리트주의의 한계를 넘어 '다음'을 모색할 때라고 보는 것입니다.

다 알다시피 현대 정치 및 사회 체제의 한 근간은 근대적 대의제이고 이는 근대적 엘리트체제라고 할 수 있습니다. 지금은 그 체제의 불가피성, 순기능을 다시 거론하고 그 필요성을 방어하기 보다는 한계에 집중하고, '다음'을 모색할 때가 아닌가 합니다.

다만, '다음'은 더 이상 일거에 오지 않을 것이라고 봅니다. 그것은 현대 민주체제의 성과, 안정성을 뜻하는 것이기도 합니다. '다음'은 심화 → 진화 → '다른' 차원으로의 이행 과정을 거칠 것으로 전망합니다. 즉, 현대 민주제의 심화와 진화의 단계를 거쳐 지금으로서는 미지의 새로운 차원이라고 해두어야 할 단계로 이행할 것이라 예상합니다. 그것은 비유로 말하건대 한계를 확장하다가 마침내 한계를 넘어 새로운 경계로 들어가는 방식일 것입니다. 물론, '다음'은 지금까지의 성취의 부정은 아닙니다. 그 성과를 안고 오롯이 단계 상승하는 방식이겠지요.[1]

우리는 그같은 이행의 아마도 중간쯤에서 '거버넌스 패러다임'을 제출합니다. 대의제를 넘어 통의제通議制 쯤이라고나 할까요? 그것은 대의민주주의의 대척점에서 주장하는 현재의 직접민주주의 논의와는 결이 다르다고 할 것입니다.

정치·사회 체제 이행 패러다임으로서 거버넌스 정치혁신의 함의는 한마디로 '제도정치(권력)의 축소와 공동체 정치(역량)의 확대'라고 할 수 있습니다. 즉, '정부, 의회 등 기존 정치 제도·기관의 과잉 권한 나아가 독점적 권한, 고유 권한까지 점차로 축소하고 공동체, 공동체 구성 부문영역들의 자치역량을 확대·강화하고, 소수 엘리트가 아니라 전체공동체 차원의 의사결정과 집행의 방안, 방식, 경로들을 활성화하고 확대해 가는 것'입니다.[2]

예를 들어, 거버넌스 정치의 관점에서 대의정치인의 합당한 기본 관점과 자세의 대응을 우리는 이렇게 이야기 합니다. 즉, '우리가 당신들의 대표로서 주어진 권력을 바르게 써서 여러분을 위해 잘할게' 하는 다짐은 다음과 같이 바뀌어야 합니다.

"우리가 당신들의 대표로서 그간 불가피하게 대리 행사했던(그러면서 때로 혹은 자주 내 것인 양, 우리 패거리 것인 양 함부로 휘둘렀던) 권력을 이제 잘 돌려줄게"

"다양하게 분권하고 자치 계기와 역량을 증진하는 데 무엇보다 힘쓸게"

"우리는 모더레이터 역할을 더욱 확대하고 더 잘 하도록 할 게. 다만 국민이 주는 녹을 받는 처지에서 생업에 매인 시민들이 잘 못 보는 전체적 시야와 균형을 투사하는 역할에도 힘쓸게"

나. 패러다임의 진동, 이행 – 사회 정치 일반의 문제

  변화는 대리자 정치인들뿐만 아니라, 그 정치인들을 시민대중을 대신하여 감시하고 시민을 대변하겠다고 하는 현대 시민사회체제 내 다양한 엘리트 그룹들에도 적용됩니다.

  예를 들어 언론, 좌우 없이 기레기 소리 듣는 언론을 봅시다. 왜 기레기 소리를 듣는가? 사적 이익을 추구해서? 아니라고 봅니다. 그보다는 공기(公器)인 미디어를 활용하여 자기 이념과 신념, 의지대로 세상과 대중을 끌고 가겠다는 미디어 엘리티즘의 파탄 양상이라고 봐야 할 것입니다. 근대화 시기 지식엘리트로서 비판적 프로티어의 추억, 관념이 관성으로 왜곡전승(?)되었다가, 오늘날 스마트해진 대중에 외면당하고 있는 것이 주된 측면으로 자리하고 있습니다. 세상에, 1인 유투버만도 못한 거대 공영방송이라니!

  미디어가 변화하기 위해서는 무엇보다 위상과 역할의 교정이 있어야 합니다. 즉, 판단은 대중이 스스로 하게 하고, 언론은 이 판단을 위한 충실한 조력자 역할로 교정하는 것이 선행되어야만 한다고 봅니다. 정확한 정보의 균형 있는 전달이 으뜸이고 뉴스 왜곡은 물론 뉴스의 자의적 취사선택도 대중을 대상화하는 것이라는 자각을 분명히 해야 합니다. 논설, 논평, 칼럼 따위는 대중을 프로파간다 대상으로 기망하려 들지 말고, 작성자 또한 공동체의 일원일뿐으로서 단지 자기 견해나 지향을 피력하는 것이어야 합니다.

학문과 종교 지도자의 경우 예외일까요? 아니라고 봅니다. 대학, 교수사회, 제도종교, 이른 바 종교지도자? 스스로들 실상을 더 잘 알리라 생각합니다.

3. '다음'을 열자 : 온갖 형태의 우월주의와 권위주의를 넘어

이 시대에 전체 사회·정치 영역에서 - 시민사회도 포함하여 - 혁신과 변화의 방향은 메타 차원에서 바라보면, '온갖 형태의 권위주의와 우월주의를 넘어서는' 데 있다고 봅니다. 그리 제안하고 싶습니다.

스마트한 시민은 엘리트들보다 결코 어리석지 않으며, 오히려 집단으로서 스마트한 시민들은 그들보다 더 많이 지혜롭습니다. 이에 대해서는 이미 다양한 논증들이 제기되어 있는 형편입니다. 예를 들어, 다양한 사람들의 집단이 우수한 사람들의 집단보다 문제 해결 능력이 높을 수 있다는, 어쩌면 일반인들의 관성적 직관에 반하는 관찰을 하나의 일반 원리로 정식화한 '다양성의 우수성 능가 정리' Diversity Trumps Ability Theorem,[3] 개별적 판단의 다양성이 집단적 예측의 정확성을 높일 수 있다는 관찰을 일반 원리화한 '다양성 예측 정리' Diversity Prediction Theorem와 '집단의 평균 능가 법칙' Crowd Beats Average Law[4] 등을 분석정치학에서 논증하고 있습니다.

이 같은 변화, 혁신의 방향을 민주주의 발전·진화 캠페인과 연결 지어 말하면, 첫째, 제도로서의 민주주의의 혁신적 재구성再構成 노력, 둘째, 문화로서의 민주주의의 전변轉變 노력이라고 하겠습니다. 전자와 관련해서 말하면, 기성 제도정치의 축소 및 공동체정치의 확대와 이를 위한 '패러다임으로서 분권과 자치' 캠페인을 다양다기하게 전개하고 제도화하는 일이 주효하다고 하겠습니다. 후자와 관련한 노력들 가운데 단적으로 한 가지만 말한다면, 발칙하거나 맹랑하다 할 이들도 있겠지만, 이제는 소위 '사회 엘리트의 도덕적 책무' 대신 심플하게 '직업마다 직책마다의 직무윤리' 캠페인을 벌일 판이라고 하겠습니다.

그리하여 시대의 전환 한가운데서 우리는 요컨대, '더 많은 민주주의', '더 넓은 민주주의', '더 깊고 더 높은 민주주의', '민주주의의 진화'를 향한 진지하고 치열한 모색을 제안하는 것입니다. 그리고 더 많은 민주주의, 더 넓은 민주주의, 더 높은 민주주의 지향으로서 거버넌스 패러다임, 거버넌스 민주주의, 거버넌스국가 캠페인을 제기하는 것입니다.

1장

혁명 이상의
차분한 혁명

거버넌스 지방정치론

1
근대 정치 체제와 거버넌스

가. 근대 국민국가의 등장과 대의민주주의

　17세기 초 유럽에서 독일을 주 무대로 하여 전개된 기독교 신·구교 간의 30년 종교전쟁은 1648년 베스트팔렌조약으로 종결되었습니다. 그리고 이것은 새로운 국가체제의 등장을 예고하였습니다. 바로 근대 국민국가의 등장입니다. 서구 근대는 경제적으로는 자본주의체제, 정치적으로는 국민국가체제에 기초하고 있습니다. 국민국가체제는 일정한 국경을 경계로 하여 대내적으로 권력의 배타적 독점권과 대외적으로 불간섭의 자율권을 갖는 것을 인정합니다. 이후 영국의 명예

혁명, 미국의 독립혁명, 프랑스의 시민혁명을 거치면서 정치제도로서 근대 민주주의가 발달하게 되었습니다. 근대 민주주의는 국민국가를 경계로 하여 정치엘리트들이 국민의 대표로서 통치를 하는 대의민주주의체제를 근간으로 합니다. 대리인체제agent system에 기초하는 대의민주주의는 현대사회의 복잡성과 다양성을 고려할 때, 정책과정의 시간적 효율성과 이질적인 대중통제의 효과성에서 일정한 이점을 가지고 있습니다. 근대초기 절대왕정체제의 붕괴와 함께 형성된 대의민주주의가 오늘날까지 유지되고 있는 데는 바로 그것이 가진 이러한 이점이 크게 작용하고 있다고 볼 수 있습니다.

나. 대의민주주의의 한계

그러나 대의민주주의체제는 여러 가지 한계를 노정하고 있습니다. 그것은 무엇보다도 '인민(국민)에 의한 통치'government by people라는 민주주의의 기본이념을 온전히 실현하기 어렵다는 근본적인 취약성을 안고 있습니다. 이를테면, 아테네 직접민주주의에서 가정했던 '치자와 피치자의 동일화'라는 기본원칙이 불가능한 것입니다. 대의민주주의에서는 정치엘리트들이 국민을 대표하여 정책을 결정하게 됩니다. 그러나 선거로 선출된 정치엘리트는 국민을 실질적으로 대표하지 못할 뿐만 아니라, 국민의 총의를 대변하여 공익public interest을 우선하여 정책을 결정하지도 않습니다. 즉, 선거제도의 결함으로 인해 선거를 통해 뽑힌 대표는 성·연령·계층·직업 등에서 국민을 대표하지 못하고 있습니다. 그리고 정치엘리트는 실제로 공익보다는 개인의 이익이나 자신이 속해 있는 그룹·지역·직업·정당의 이익을 대변하게 됩니다. 그렇다고 대의민주주의가 대표제 바깥에 활발한 공론장을 유인하는 것도 아닙니다. 사실 대의민주주의는 시민사회에서 공론장이 활성화하는 것을 유도하기보다는 오히려 축소하는 경향이 강하며, 따라서 국민들이 실질적으로 정책에 참여할 수 있는 기회가 매우 제한되어 있습니다. 주기적으로 다가오는 선거에서 대표를 선출하는 권한을 행사하지만, 그것 또한 선택권이 제한되어 있을 뿐만 아니라, 권력자들로부터 영향을 받지 않을 수 없습니다. 언론을 비롯하여 시민사회에서 정부를 감시하고 비판할 수 있지만, 여론주도자는 제한되어 있고 이들의 목소리가 정책에 미치는 영향력 또한 매우 제한적입니다.

대의민주주의의 전형은 권력의 분산과 견제를 위해 삼권분립에 기초하고 있습니다. 따라서 의회가 정책을 결정하고, 행정부가 정책을 집행하며, 사법부가 정책을 판단하게 됩니다. 이것은 곧 관료제로 구성된 행정부를 가정하고 있습니다. 그런데 관료제는 그 규모가 점점 확대되기 시작하여 20세기에 들어와 행정국가administrative state가 발달하게 됨에 따라 정책결정에 상당한 권한을 행사하게 되었습니다. 계층제로 구성된 관료제가 강제와 명령에 따라 효율적으로 정책을 형성하고 집행할 뿐만 아니라, 기술관료technocrat의 전문성이 각종 사회문제를 해결하는 데 유용했기 때문입니다. 그러나 기술관료는 폐쇄적인 구조에서 정책을 결정하고 각종 행정정보를 공개하는 데도 매우 인색합니다. 이러한 정치행태에 불만을 갖고 있어도 국민들이 이들을 감시하거나 소환하는 것도 제도적으로 매우 어렵습니다. 따라서 대부분의 사회구성원은 주체로서 권력을 행사하지 못하고 소외되거나, 결정된 정책을 수동적으로 따라가는 정치의 방관자가 될 수밖에 없었습니다.

다. 더 많은 참여에 대한 요구

서구사회에서 대의민주주의 정치제도의 문제에 대한 도전은 1950년대 이후 세계적인 경제성장, 1960년대 이후 탈권위주의 시민문화, 1970년대의 신사회운동, 그리고 1980년대 이후 세계화globalization의 확장과 함께 시민사회가 성장함에 따라 나타나기 시작하였습니다. 세계적인 경제적 부흥은 교육기회의 증대와 함께 여가시간을 제공하여 시민들이 정치에 관심을 가질 수 있는 능력과 기회를 증대하였습니다. 그리고 세계화가 확장됨에 따라 국경을 초월한 정보의 이동, 네트워크의 확대, 상호의존성의 증대가 일어나면서 일국 중심의 정치체제에 일정한 타격을 가하게 되었습니다. 국가 간 상호의존도 증대했지만, 국가를 우회하여 시민사회의 다양한 조직 및 개인들 간의 네트워크 형성과 연대가 증대하게 된 것입니다. 이와 함께 시민사회의 발달은 시민사회에 각종 결사체가 폭발적으로 성장하는 결사체(단체) 혁명associational revolution을 유발하였고, 시민의식이 증대함에 따라 기존의 엘리트민주주의에 대한 회의와 함께 저항이 일어나게 되었습니다. 폐쇄적 공간에서 정치·행정 엘리트가 정책을 결정하고 추진하는 것을 경계하고 시민들이 직접 각종 정책과정에 더 많이 참여할 것을 요구하게 된 것입니다. 이러한 상황에서 대의민주주의의 한계를 극복하기 위한 다원민주주의plural democracy, 참여민주주의participatory democracy, 숙의민주주의deliberative democracy, 풀뿌리민주주의grass-roots democracy, 결사체민주주의associative democracy 등과 같은 여러 정치기획이 제기되었습니다. 참여민주주의를 대변하는 개념인 임파워먼트empowerment가 '권력을 국민에게로'라는 슬로건을 내포하고 있는 것도 이 때문입니다.

대의민주주의에 대한 비판과 더 많은 참여, 더 많은 민주주의에 대한 요구는 1990년대 인터넷의 등장과 함께 정보화informatization가 확장됨에 따라 더욱 가속화하였습니다. 정보혁명은 단지 정보의 생산과 이동이 확대되고 정보의 가치가 증대하는 것에 그치지 않았습니다. 정보화는 근대 민주주의를 추동했던 개인이 그저 정치적 방관자에 머

물지 않고 온전히 정치의 주인으로 다시 권력을 행사할 수 있는 주체로 등장하는 계기가 되었습니다. 정보화가 정치에 미친 영향에는 여러 가지가 있지만, 크게 보면 개인혁명 individual revolution과 전자민주주의의 발달 등 두 가지 요소를 들 수 있습니다. 개인혁명은 개인이 정보통신기술의 발달에 힘입어 정책과정에 대한 다양한 정보와 지식을 축적하여 실제로 정책에 참여할 수 있는 능력을 갖게 되었다는 것을 말합니다. 인류역사상 전례가 없을 정도로 개인이 똑똑한 주체로 나서게 된 것입니다. 그리고 전자민주주의의 발달로 각종 SNS social network service를 통해 서로 정보를 교환하거나 인터넷에서 자신의 의견을 개진할 수 있는 제도적 장치가 마련되었습니다. 이로 인해 개인 시민들의 더 많은 참여가 가능해지고 참여민주주의가 현실화하기 시작하였고, 한 걸음 더 나아가 정보통신기술을 활용하여 직접민주주의를 실현하려는 욕구도 한층 증대하였습니다.

 최근에는 최첨단 교통체계 및 정보통신기술의 발달을 활용하여 직접민주주의의 한 형태로서 원탁회의, 민회民會, 시민배심원제, 타운미팅 town meeting, 주민참여예산제, 온라인투표 등과 같은 제도를 도입하는 방안에 대한 논의가 활발합니다. 특히 정보통신기술을 활용하여 전자민주주의를 제도화함으로써 국민발안, 국민소환, 국민투표 등과 같은 직접민주주의 제도를 실현할 수 있다는 희망이 증대하기도 하였습니다. 그러나 정보통신기술이 발달하고 심지어 블록체인 block chain

과 같은 최첨단 인터넷 기술을 활용한다고 하더라도 직접민주주의 정치제도를 현실화 하는 것은 간단하지 않습니다. 그것은 단지 공정한 의견 집약을 실행하는 기술적인 문제뿐만 아니라, 공공문제에 대한 정책결정을 일상의 문제처럼 가볍게 여기는 정치의 희화화, 포퓰리즘populism을 추종하는 중우정치의 문제를 초래할 수 있습니다. 그런가 하면, 사이버 거대조직이나 이익집단의 출현으로 인해 또 다른 형태의 과두제 또는 빅브라더big brother의 등장 문제도 간과할 수 없습니다. 물론 정보통신기술이 획기적으로 발달하고 있으므로 전자민주주의에 기초하는 직접민주주의에 대해서는 앞으로 더 심각하게 논의하게 될 것입니다.

2

거버넌스의 등장

가. 더 많은 민주주의 혹은 민주주의 진화, 거버넌스

 우리는 대의민주주의의 대체재가 보이지 않고 말 그대로의 온전한 의미에서 직접민주주의self-governing가 어떤 의미에서든 시기상조인 지금 상황에서 민주주의 진화의 길로서 거버넌스를 적극 제안하는 것입니다. 대의민주주의의 한계를 보완하여 더 많은 민주주의, 더 넓은 민주주의, 더 깊고 더 높은 민주주의를 구현해 가는 기제는 거버넌스의 확대라고 할 수 있습니다. 거버넌스는 현존하는 대의민주주의체제에서 다양한 정책영역과 정책과정에서 조정하며 사용할 수 있는 기획으로서 실현가능성이 매우 높습니다. 또한 그것은 현재 각종 정보통신 기술을 적절하게 활용할 수 있는 이점도 있습니다. 나아가 거버넌스는 대의제 하에서 무늬만 가진 시민참여의 문제를 극복하여 시민민주주의의 토대를 구축할 수 있는 잠재력도 내포하고 있습니다. 그런가 하면, 거버넌스는 정부 외 민간영역의 행위자가 정책에 참여한다는 점에서 시장(경제) 영역의 사회적 책임social responsibility이 강화되고 특히 시민사회의 역량이 증대되어야 하는데, 복잡하고 다양한 현대사회 구조에서 정부 외 영역의 각종 자원성volunteerism을 정책과정에 활용할 수 있어서 정책에 필요한 자원동원의 차원에서도 유용성이 있습니다.

거버넌스가 가진 이러한 이점에도 불구하고 사실 거버넌스 시스템을 정책과정에서 적용하여 작동하는 것은 말처럼 간단하지 않습니다. 실제로 정치가, 행정가, 시민사회 활동가, 학자들이 거버넌스를 다양하게 정의하여 사용할 뿐만 아니라, 이를 연구하는 학자들 사이에서도 분과학문에 따라 거버넌스에 대한 정의가 다르고, 기존의 시민참여나 위원회제도와 혼동하거나 혼용하여 사용하는 측면이 있습니다. 그런가 하면, 거버넌스를 이해한다고 하더라도 이를 실제로 적용하는 것은 기존의 사회권력 관계의 일정한 변동을 초래한다는 점에서 권력배분에 대한 합의가 쉽지 않을 수도 있습니다.

이러한 한계로 인해 공공문제를 해결하기 위해 거버넌스 시스템을 적용한다고 하면서도, 구체적인 정책문제에서는 여전히 고전적 행정

패러다임에 기초하여 관료제를 통해 문제를 해결하였습니다. 그리고 행정혁신을 주창하면서도 대부분 자문위원회, 심의위원회, 공청회 등과 같은 제도를 활용하여 관료제 중심의 의사결정체계를 보완하는 형태로 거버넌스를 활용하기 일쑤였습니다. 거버넌스에 주로 참여하는 시민사회의 행위자 또한 정부를 이해하거나 공무원을 설득하는 데 한계가 있어 양자 간에 갈등이 증폭되기도 하였습니다. 뒤에 다시 이야기하겠지만 거버넌스는 단지 제도로서 달성되는 것이 아니라 정치공동체 주체의 성숙과 향상의 문제이기도 합니다. 이러한 문제를 해결하기 위해서는 거버넌스에 참여하는 행위자에 대한 체계적인 거버넌스 교육이 필요합니다. 물론 일반시민들이 거버넌스를 학습하는 것도 공공성의 가치를 확산하고 거버넌스 제도를 현실화 하는 데 중요합니다. 따라서 거버넌스 교육은 일반시민을 포함하여 거버넌스에 참여한 행위자들이 거버넌스의 원리와 요체를 수용하고 거버넌스 시스템을 체계적으로 작동하는 데 필요한 선행조건이라고 할 수 있습니다.

나. 거버넌스의 대두

앞서 지적한 것과 같은 흐름에서 1990년대 이후 서구사회에서 거버넌스에 대한 논의와 연구가 활발해졌습니다. 한국에서는 2003년에 거버넌스센터의 전신인 민관협력포럼이 창립하여[5] '파트너십 그리고 거버넌스' '경계를 넘어 창조적 협력으로' 등을 슬로건으로 내세우고 명시적이고 목적의식적인 사회운동으로서 거버넌스 국가를 지향하는 캠페인 활동을 펼쳐오고 있습니다. 이 시기를 전후하여 한국에서도 거버넌스에 대한 담론과 연구가 증가하였습니다. 이후 거버넌스는 한국은 물론 전 세계적으로 사회과학에서 핵심적인 개념의 하나로 자리 잡았습니다. 이렇게 거버넌스 개념이 언어 권력을 획득하고 유행하게 되면서 거버넌스가 기존의 행정양식을 대체하는 새로운 패러다임으로 각광을 받는가 하면, 심지어 대의민주주의의 문제를 해결하고 참여민주주의의 이상을 실현하는 '마법의 손' 내지 만병통치약처럼 여겨지기도 하였습니다. 거버넌스가 세계적으로 유행하게 된 것을 형해화한 민주주의를 복원하고자 하는 정치가나 행정가의 자기성찰에 의한 것이라고 보기는 어렵습니다. 정부측면에 촛점을 두고 이야기를 한다면 오히려 그것은 시대적 상황에 따른 사회권력 지형의 변화라는 외부의 압력, 그리고 각종 공공문제를 정부 혼자 해결할 수 없는 상황에서 정부가 자신의 정당성을 증대하기 위해 채택하게 된 일종의 자구책이라고 할 수 있습니다.

거버넌스가 등장하게 된 배경을 일반화하여 크게 두 가지로 정리하곤 합니다.

첫째, 국가, 시장, 시민사회 등 각 섹터 간의 권력 재편에 따른 것입니다. 20세기 이후 국가권력, 즉 중앙 행정부의 권력이 계속 증가되어 왔습니다. 그러나 국가권력은 1980년대 이후 수직적·수평적으로 재구조화하는 국면에 처하게 되었습니다. 수직적인 측면에서는 세계화 globalization와 지방화 localization의 확산으로 인해 위로 유엔UN을 비롯한 각종 국제기구와 같은 정부 간 기구에, 그리고 아래로 다양한 지방정부에 이양되었습니다. 그리고 수평적인 측면에서는 시장과 시민사회의 권한 확대로 한편에서는 기업으로 권한이 이양되고, 다른 한편에서는 시민단체NGO: nongovernmental organization를 비롯한 각종 시민사회단체CSO: civil society organization 또는 비영리단체NPO: nonprofit organization로 권한이 이양되었습니다.[6] 즉, 근대 정치제도의 한 특징이었던 국가중심주의에서 다른 기관 또는 집단으로의 권력이동power shift이 일어난 것입니다. 이상 내용을 정리하면 아래 <그림1>과 같습니다.

둘째, 사회구조의 복잡화와 시민욕구의 다양화에 따라 사회문제 해

<그림1> 국가권력의 분산[7]

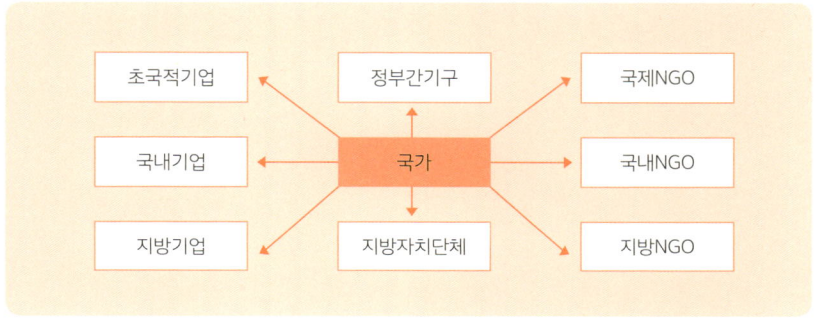

결에 대한 국가능력의 한계 노정을 지적할 수 있습니다. 이것은 일종의 통치능력의 위기governability crisis라고 할 수 있습니다. 현대사회는 복잡다단하여 기존의 계층제로 구성된 관료제를 통해 사회문제를 해결하는 것은 효율성과 효과성에서 한계가 있습니다. 물론 행정이념에서 볼 때, 효율성과 효과성뿐만 아니라 민주성이나 형평성과 같은 측면에서도 정당성의 한계에 봉착하게 되었습니다.[8] 따라서 정부는 한편에서는 자신의 정당성을 강화하고자 공공업무의 일부를 사적 행위자에게 이전하였습니다. 신자유주의 하에서 시장으로 각종 공공업무를 이전한 민영화privatization는 바로 이러한 고민을 해결하기 위한 정책이었습니다. 다른 한편에서는 정부가 정책의 효과성을 증대하고자 사적 행위자와 협력을 강화하였습니다. 시민사회의 세력 확대와 역할 증대에 따른 각종 민관 합작·협업partnership 혹은 공생산coproduction은 이러한 협력의 방식에 해당합니다. 거버넌스는 2000년대 이후 바로 이러한 파트너십 혹은 공생산이 보다 급진화한 형태 중의 하나라고 할 수 있습니다. 이상 내용을 정리하면 아래 <그림2>와 같습니다.

<그림2> 통치능력의 한계와 거버넌스의 등장[9]

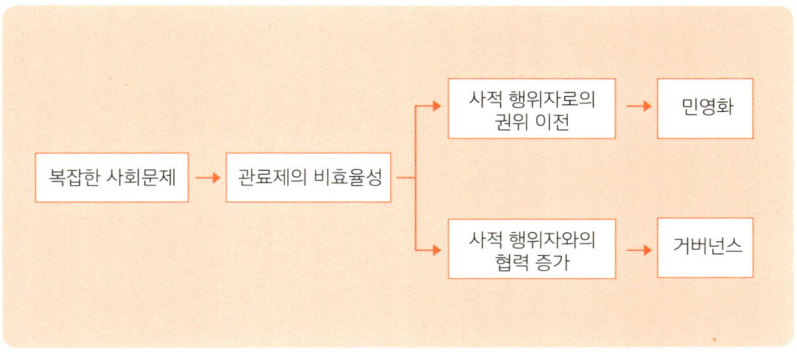

3
거버넌스의 구조와 핵심 요체

가. 거버넌스의 구조

거버넌스가 단순한 정치적 수사를 넘어 본래의 의미를 갖기 위해서는 네트워크network, 복합조직heterarchy, 자원성volunteerism 등과 같은 핵심 개념을 내포하고 있어야 합니다. 먼저 거버넌스에서는 비정부 행위자가 공공정책 과정에 참여하기 위해 정부와 민간영역 사이에 네트워크가 형성되어 있어야 합니다. 물론 민관뿐만 아니라 시민사회 각종 조직 간에도 네트워크를 구축하는 것이 중요합니다. 그리고 공공문제를 해결하는 과정에 이를테면 민관 행위자 간의 권한과 책임의 공유라는 원칙을 지키기 위해 기존의 위계조직hierarchy이 아닌 자율적이고 수평적인 복합조직이 형성되어야 합니다. 그래야만 비정부 행위자가 권한을 행사할 수 있고, 그 권한에 따른 책임을 수행할 수 있기 때문입니다. 또한 거버넌스는 시민사회에 존재하는 자발적 참여와 에너지를 공공문제 해결에 사용한다는 측면에서 자원성의 활용을 강조하게 됩니다. 이런 점에서 거버넌스는 기존의 시민참여citizen participation, 사회디자인social design, 민관합작PPP, public-private partnership, 공생산coproduction 등에 비해 시민을 권리주체로 내세우는 민주주의의 원형성에 접근하는 급진성을 내포하고 있습니다.

앞서 지적한 바와 같이, 거버넌스에서 공공문제 해결에 사적 행위자가 참여하여 권한을 행사하기 위해서는 네트워크 형태의 복합조직이 만들어져야 합니다. 거버넌스의 구조 이해를 위해 그림을 활용하여 시각적으로 설명하는 것은 도식화의 위험에도 불구하고 유용성이 있습니다. 기존의 정부조직인 관료제는 위계제로 되어 있고 상부에서 하부로 명령이 하달되고 업무가 강제되는 방식입니다. 그러나 아래 <그림3>에서 보는 바와 같이, 복합조직은 수평적인 관계에서 네트워크가 형성되고 상호소통이 활발하며 협력과 조정이 일상적으로 이루어집니다. 이러한 복합조직은 정부의 입장에서 보면 비효율적으로 보일 수도 있습니다. 그러나 사회구조가 복잡하고 갈등이 만연한 사회에서는 오히려 복합조직이 외부환경에 적응하고 자기구조를 변형해가는

<그림3> 계층조직과 복합조직의 비교[10]

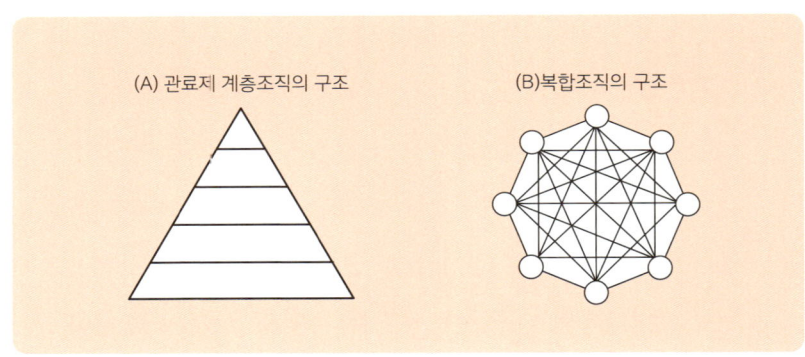

능력이 뛰어납니다. 거버넌스가 자기조직화의 특성을 지니고 있다고 말하는 것도 복합조직이 가진 이러한 특성 때문입니다.[11]

이러한 복합조직 구조 하에서 공무원과 비정부 행위자는 일정한 정책문제를 해결하기 위해 아래 <그림4>에서 보는 바와 같이, 정책주제와 관련된 공동의 위원회 또는 협의회를 형성하게 됩니다. 정부의 행위자 중에는 의회에서도 참여할 수 있습니다. 비정부 행위자는 시장(기업)에서도 참여하지만, 공공성이 강한 시민사회에서 주로 참여하고, 시민사회 중에서도 공공성이 강한 NGO에서 많이 참여하게 됩니다. 참여한 행위자는 사회의제 social agenda를 고려하여 정책의제 policy agenda를 새로 설정할 수 있고, 이미 정책의제가 설정되어 있다면, 정책결정·정책집행·정책평가 등 정책의 전 단계에 걸쳐 상호 협력과 조정을 통해 문제를 해결하게 됩니다. 이 과정에서 각종 네트워크를 통

<그림4> 거버넌스 위원회의 구조[12]

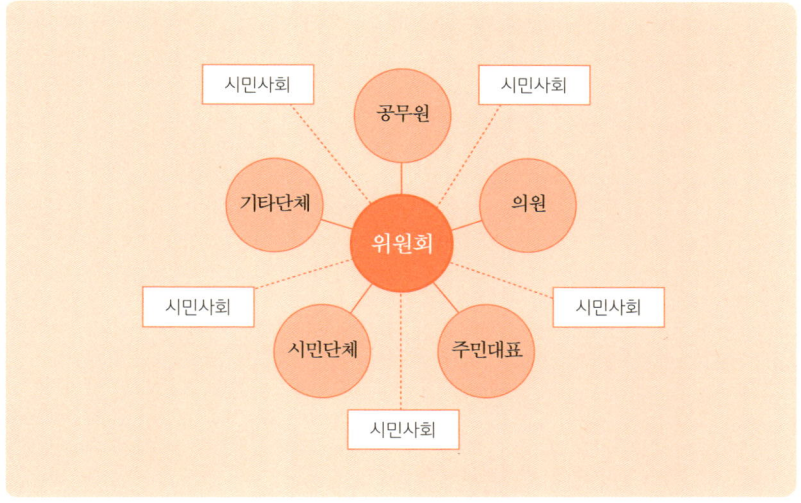

해 시민사회의 각종 조직과 상호 소통·협력하게 되고, 위원회 내뿐만 아니라 외부의 요청에 반응하여 피드백feedback이 일상적으로 일어나게 됩니다.

거버넌스에는 다양한 유형과 층위가 있지만, 일반적으로 그리고 핵심적으로 거버넌스는 민관 거버넌스를 말합니다. 거버넌스가 민관이 함께 공동위원회와 같은 복합조직을 형성하고 권한과 책임의 공유를 통해 사회문제를 해결한다는 점에서, 기존의 대의민주주의에서 가정했던 통치방식과는 다릅니다. 이는 '거번먼트에서 거버넌스로 from government to governance'라는 슬로건 명제에서 함축적으로 표현됩니다.

거버넌스는 분명 직접민주주의와는 다르지만, 고대 아테네 민주주의에서 가정했던 자율, 참여, 평등, 다원성 등과 같은 민주주의의 원형적 이념을 반영하고 있습니다. 나아가 기존의 체제와 제도에 대해 회의懷疑하고 성찰과 모색을 통해 새로운 문제해결 방식을 찾아내 사회를 혁신하는 것도 강조합니다.

나. 거버넌스의 핵심, 요체 - 현실 캠페인의 맥락에서

① 휴머니즘 다원영역 사회운영체제

거버넌스를 정의함에 있어서 우리는 객관 현실에 대한 단순 서술적 정의를 넘어 객관적 상황을 반영·고려하며 주체적 형성의 의지를 투영한 정의, 즉 사회운동적 관점에서의 정의를 우선하고 강조합니다.

이와 같은 관점에서, 거버넌스란 1차로 국정 운영에서 민관 파트너십을 뜻합니다. 나아가 2차로 정부(국가), 기업(시장), 시민사회(시민단체) 세 섹터sector의 정립과 협력 모델을 이룹니다. 정부, 기업, 시민단체가 각각 고유한 근거와 논리와 특성에도 불구하고 국가사회공동체 운영에서 경계를 넘어 창조적으로 협력해 나가는 모델입니다. 3차로 거버넌스 패러다임은 궁극적으로 행정, 경제, 산업, 과학, 교육, 복지, 문화, 예술, 종교, 봉사 등 다양한 사회 영역과 부문이 대등한 위상에서 전체 사회 및 공동체 운영, 즉 공공의 의사 결정과 집행, 자원 배분에 참여하는 다원영역 사회운영체제를 지향하는 것입니다.

거버넌스 패러다임은 주권재민의 원리에 따라 주기적인 선거를 통해 정부에 통치권한과 책임을 통일적으로 위임하고 부과하는 근대 대의제代議制를 보완하는 일종의 통의제通議制라 할, 진화한 민주주의 시스템이라고 할 수 있습니다.

이러한 거버넌스 패러다임은 첫째, 자율과 책임, 참여와 합의, 실천과 협력, 조정과 통합 등을 기본 원리로 합니다. 둘째, 사회 각 부문과 영역들의 합리화를 기초 전제로 요구하여 전체 사회의 질적 발전을 담보하는 것입니다. 셋째, 사회의 총 생산력이 전체 구성원들의 삶을 위한 기본 욕구를 충족시킬 수 있는 수준 이상인 것을 토대로 하여, 사회구성원들이 이제는 저마다의 의미 추구의 삶에 중심 가치를 부여할 정도로 사회가 한 단계 성숙해 가는 것과 병행하는 것입니다.

따라서 거버넌스 패러다임은 그 자체가 조정 지향적이고, 과정 지향적이며, 책머리에서 밝힌 것처럼 21세기 국가사회공동체 경영의 본질로서 신복지사회 지향과 조응·병행하는 국가사회공동체 운영의 선진 미래 패러다임이 되는 것입니다.

학계의 거버넌스 정의와 논의

▷ 1990년대 이후 서구 사회과학계에서 거버넌스에 대한 연구가 폭발적으로 증가하게 되면서 거버넌스의 개념 정의와 현실적 제도화에 대한 논쟁이 치열하였으며, 이러한 과정에서 거버넌스의 개념 정의에 관련한 논문도 자주 등장하였고, 심지어 거버넌스를 경험적 의미로 정의할 수 있는가에 대한 논쟁도 벌어졌다. 학계의 최근래 동향은 거버넌스 용어와 개념은 중의적이고 다의적으로 쓰이고 있으므로 일률적으로 정의하기 어렵다는 것으로 대체적인 공감이 형성된 듯한 양상이다.

▷ 거버넌스의 의미는 시간적 추이에 따라 급격한 변화를 겪어왔다.
- 1970년대까지 서구사회에서 거버넌스는 주로 정부 혹은 통치government와 같은 의미로 사용되었다. 즉, 거버넌스는 공공문제를 해결하거나 공공서비스를 제공하는 공식적인 제도나 체계를 의미하였다
- 1980년대에 와서 중앙정부의 권력집중에 대한 비판이 점증하고 국가에 대한 신뢰가 하락하자 통치와 구분하여 사용하기 시작하였다. 그러나 이때에도 초점은 중앙정부의 권한을 분산하여 지방정부로 이전하는 것에 초점이 맞추어졌다. 즉, 거버넌스는 주로 정부 간 관계inter-governmental relation를 설명하는 의미로 사용되었다.
- 그러다가 1990년대에 거버넌스에 대한 논의가 활발해지면서 오히려 기존의 정

부 역할이나 운영방식에 근본적인 변화를 의미하는 것으로 사용되었다. 즉, 통치에 상대적인 의미를 지니는 것으로 받아들이게 되었다.

▷ 거버넌스는 사용하는 국가나 사람에 따라 그 의미가 다르다. 심지어 학자그룹 내에서도 분과학문의 특성에 따라 개념의 범주가 크게 달라지고, 같은 분과학문 내에서도 학자마다 의미가 다르며, 그만큼 다의적인 의미를 지니고 있다.

- 로즈는 거버넌스를 최소국가, 기업 거버넌스, 신공공관리, 좋은 거버넌스 good governance, 자기조직화 self-organization 네트워크 등의 의미를 내포하는 것으로 본다.(Rhodes, R. A. W. 1997. Understanding Governance : Open University Press.)
- 허스트는 거버넌스가 경제개발, 국제기구와 체제, 기업 거버넌스, 신공공관리 전략, 사회 거버넌스 등을 의미한다고 본다.(Hirst, Paul. 2000. "Democracy and Governance". Pierre, Jon (ed.). Debating Governance: Authority, Streeing, and Democracy. : Oxford University Press.)
- 피에레와 피터스도 거버넌스가 정책 네트워크, 공공관리, 경제섹터 내의 조정, 민관 파트너십, 기업 거버넌스, 좋은 거버넌스 등 다양한 의미가 있다고 본다.(Pierre, Jon and Peters, B. Guy. 2000 . Governance, Politics, and the State : St. Martin's Press.)
- 스토커는 거버넌스가 정부를 초월하는 기구와 행위자 조직, 경계와 책임의 모호함, 상호관계적 권력의존, 자율적 자기통치 네트워크, 명령과 권위를 넘어서는 새로운 통치도구 등과 같은 명제를 내포하고 있다고 본다.(Stoker, Gerry. 1998. "Governance

as Theory: Five Propositions." International Social Science Journal, Vol.50-155.)
▷ 서구사회에서 거버넌스에 대한 이해와 접근에서는 미국과 유럽 사이에 차이가 있다. 미국은 기업가적 정부를 강조하면서 정부의 조정능력을 강조하는 반면, 유럽에서는 통치과정에 사회참여를 강조한다. 미국에서 말하는 정부 재창조reinventing government는 정부에 시장원리를 접목하여 정부의 조정능력을 강화하는 것에 초점을 둔 것이다. 유럽에서는 정부의 의사결정을 자율적이고 상호호혜적인 방식으로 결정하는 것을 강조한다. 한국에서 통용되는 거버넌스는 대체로 유럽의 의미에 가깝다.

- 미국에서 거버넌스를 신공공관리new public management와 유사한 개념으로 사용하거나 심지어 신자유주의neoliberalism의 특징을 내포한 것으로 보는 경향이 있다.
- 신공공관리가 정부의 비효율성을 극복하기 위해 기업의 경영원리를 접목하고 관료제의 계층저적 성격을 완화하기 위한 것이라는 점에서 거버넌스와 중첩되는 점이 있다.
- 그리고 신자유주의가 정부의 권한을 축소하고 시장역할을 확대하여 작은 정부, 규제완화 등을 지향한다는 점에서 역시 거버넌스와 접목되는 부분이 있다.
- 그러나 우리가 말하는 거버넌스는 굳이 말하면, 신공공관리와 신자유주의를 수용하거나 이와 치환하는 개념으로 사용하기보다는 오히려 이를 극복하거나 대체하는 개념으로 사용하는 것에 가깝다.

▷ 거버넌스는 기존의 정부 중심의 통치양식에서 벗어나 각종 사회문제를 해결하기

위한 새로운 통치양식 혹은 권력관계와 관련된다. 따라서 거버넌스는 공통의 사회문제를 해결하기 위해 참여한 행위자 간의 권한배분, 상호조정, 상호협력 등과 같은 가치를 내포하고 있다.

- 거버넌스에는 공적 영역과 사적 영역 간의 경계 완화, 비정부 행위자의 참여 확대, 신뢰와 협력에 기반한 수평적 네트워크, 행위자의 자율과 행위자 간의 상호작용, 목표달성을 위한 상호협력과 조정, 협력문화와 의사소통의 증대, 자기조직적self-organizing 역동성 등과 같은 의미를 내포하고 있다고 볼 수 있다.
- 거버넌스는 공공문제를 해결하기 위해 정부와 다양한 민간영역의 행위자가 권한과 책임을 공유하는 사회조정 메커니즘이라고 정의할 수 있다.(이명석. 2002. "거버넌스의 개념화: '사회적 조정'으로서의 거버넌스".『한국행정학보』36-4)
- 거버넌스는 다양한 사회적 행위자의 가치를 수용하고 창의적으로 새로운 관계를 형성하여, 사회혁신을 추구하고 사회구조의 통합성을 유지하는 규범성을 지니고 있다.(박상필. 2011.『NGO학: 자율 참여 연대의 동학』: 아르케.)

▷ 한국에서는 거버넌스를 대체로 협치協治로 번역하여 사용하고 있으며, 한자의 의미가 거버넌스 본래의 의미를 잘 반영하고 있는 편이라서 비교적 적합한 번역이라고 할 수 있다. 그러나 실제에서는 사용하는 사람에 따라 협치는 추상적으로 단순히 상호 협력하거나, 자문위원회나 각종 정책위원회 제도를 활용하는 정도로 여겨지기도 한다. 이리 되면 본래 거버넌스 개념에 함축되어 있던 급진성을 상실하고 기존의 시민참여나 위원회제도와 다를 바가 없는, 그야말로 무늬만 거버넌스가 되는 정치적 수사修辭가 되어버린다.[13]

② 거버넌스는 파트너십이다

거버넌스가 대세이면서 한편 거버넌스 용어가 다분히 다의적으로 쓰이고 있는 현실에서는 거버넌스의 정의보다도 거버넌스의 요체, 포인트들을 잘 살피는 게 더욱 중요합니다. 실제적, 실천적 관심이나 맥락에서는 더욱 그렇습니다.

거버넌스의 핵심 요체는 '파트너십'입니다. 거버넌스는 단순한 참여, 그것도 시민 개인의 참여가 아니라 부문영역 간 혹은 그룹 간 수평적 파트너십이 핵심입니다. 그리고 파트너십은 당연히 성찰, 즉 자기 자신에 대한 성찰과 파트너에 대한 이해와 배려를 요청합니다. 따라서 '성찰'은 파트너십에 필히 수반되는 거버넌스 수행의 또 다른 요체입니다. 아울러 파트너십은 그 전제이자 수행 결과의 축적으로서 '신뢰'와 함께 가는 것입니다.

거버넌스센터의 초기 슬로건을 '파트너십, 그리고 거버넌스'로 정한 이유이며, 다른 말로 '거버넌스, 문제는 참여가 아니라 파트너십이다'라고 강조한 이유입니다. '거버넌스, 문제는 참여가 아니라 파트너십!'. 실제 거버넌스 현장에서 이 명제는 거버넌스의 이해에서 참을 수 없는 경박함에서 벗어나고, 거버넌스의 진전 과정에서 실패의 나락에 떨어지지 않고 제대로 길을 가고 심화하기 위해 놓쳐서는 안될, 거버넌스 실행자가 으뜸 자리에 놓을 경구이기도 합니다.

거버넌스를 이해하고 실천하는 데 주효할 요체들을 몇 가지 더 새

겨본다면,

▶ '거버넌스는 패러다임이다' : 거버넌스는 기존 행정이나 국정운영의 틀에서 하고 싶으면 하고 하기 싫으면 안 해도 되는 것이 아니라, 따라가지 않으면 결국에 낙오를 피할 수 없는 새로운 패러다임, 패러다임 이동의 문제입니다.

▶ '거버넌스는 민주주의다' : 거버넌스는 단순한 행정의 효율성 문제가 아니라 민주주의 문제입니다. 그것은 정형화한 대의민주주의와 직접민주주의의 구분이나 대립과도 다른 민주주의의 심화·진화입니다. 시대 변화에 조응하는 더 많은 민주주의, 더 넓은 민주주의, 더 깊고 더 높은 민주주의의 지향입니다.

▶ '거버넌스는 운동이다' : 거버넌스는 정부운용 방향과 행정방침의 변화를 넘어서 더 나은 사회, 더 인간다운 사회, 더 성숙한 공동체와 주체를 향한 부단한 운동입니다.

▶ '거버넌스는 과정이다' : 운동은 생명력입니다. 무엇보다 거버넌스는 도상圖上의 작전 수행이 아닙니다. 단체장이 지휘봉을 쥐고, 작전기간을 정하여, 점령 목표를 점찍고, 전략전술 세우고, 아군과 우군, 후방지원대를 배치하여 밀어붙이는 작전과는 한참 먼 것입니다. 거버넌스는 오래 가는 주체들의 향상의 지원입니다. 거버넌스는 오롯이 과정의 패러다임입니다.

▶ '거버넌스는 네트워크다' : 거버넌스를 가장 쉽게 다가오는 이미지

로 설명하면 네트워크, 그리고 네트워크의 네트워크입니다. 그 네트워크의 결절점, 그물코, 코어 core 는 '사람'입니다.
▶ '거버넌스는 사람이다' : 거버넌스는 사람이 합니다. 제도는 받침이고, 거름이고, 운활유이고, 혹은 탈乘 것입니다.

③ 주체의 변화와 향상

거버넌스는 제도 없이도 실행 가능합니다. 그러나 주체의 변화 없이 거버넌스 구현은 불가능합니다.

거버넌스는 또 하나의 사업, 새로운 일이 아니라, 하던 일, 하는 사업의 성과를 내는 방식이라고 이해할 수 있습니다. 따라서 거버넌스를 한다는 것은, 거버넌스를 하겠다는 것은 무엇보다도, 구성원이 거버넌스형 주체가 된다는 것이고, 사업을 거버넌스적으로 한다는 것이고, 과업 수행자를 거버넌스 패러다임을 체득한 일꾼으로 변모하게 하겠다는 것이어야 합니다. 시민운동을 한 사람이 곧 거버넌스형 주체는 아닙니다. 민간 영역과 공공 부문을 두루 경험한 사람이라고 해서 저절로 거버넌스형 주체가 될 수 있는 것도 아닙니다.

거버넌스형 업무 수행자의 특징은 무엇일까? 어디까지나 일종의 비유로 그리고 우회적인 이야기로, 즉, 정형화한 유형은 없다는 것을 전제하고, 다음과 같이 이야기할 수 있습니다.

첫째, 자존과 성찰의 사람 : 스스로를 소중히 여기며 스스로를 부단히 돌아보고 향상을 위해 노력하는 업무 수행자. 자신의 고착화한 경험과 고정 관념으로 주위 사람과 환경을 재단하는 관성을 경계하고 삼가며, 환경 변화에 민감성과 반응성을 높이기 위해 노력하는 업무 수행자

둘째, 공감하고 심려하는 사람 : 상대를 있는 그대로 수용하고, 존중하고, 그 처지와 입장을 이해하려 노력하고, 나아가 저간의 사정까지도 헤아리려 노력할 줄 아는 업무 수행자

셋째, 소통하고 협력하는 사람 : 업무의 파트너, 관계자들과 대화하고 소통할 줄 알고, 상호 공통의 이익과 성과의 공유를 위해 조정·조율하고 협력할 줄 아는 업무 수행자

넷째, 네트워킹하고 기획하는 사람 : 주변 사람들에 다양한 관심을 기울일 뿐만 아니라, 관계자들을 특성에 맞춰 또 필요에 따라 다양한 방식으로 네트워킹하고, 공동 목표를 향해 나아가는 '과정process을 기획'하고 관리할 줄 아는 업무 수행자

다섯째, 비전의 사람 : 현재의 국면 흐름과 사태의 장기 추세를 함께 읽으려 노력하면서 그룹 또는 조직, 나아가 공동체의 중장기 전망을 늘 모색하고, 그룹과 조직과 공동체의 새로운 비전을 끊임없이 제안하고 공동의 비전을 작성하려는 노력을 게을리 하지 않는 업무수행자, 그리고 지도자

④ 권한과 책임의 재구성

거버넌스를 다루고 발전시키고 심화하는 데서 늘 부닥치고 걸리게 되는 핵심 이슈는 많은 경우, 결국 권한과 책임의 문제, 즉 권한의 배분과 책임의 부여 문제로 귀착됩니다. 거버넌스 현장과 실제에서 그런대로 나아가던 거버넌스가 흔들리는 지점, 뿌리, 양상을 들여다보면, 한 마디로 "우리가 들러리냐? 권한다오!", "책임은 누가 지냐? 너희들 못 믿는다!"는 이야기의 부딪힘으로 압축할 수도 있습니다.

이 문제는 단칼에 베어내거나 답을 찾을 수 있는 문제가 아니라, 거버넌스 진전, 심화를 위한 지속적인 과제라고 할 수 있습니다. 그 노력 방향의 지향점은 '권한의 배분과 공동 책임 양식, 방식의 개발'이어야 합니다. 특히 후자, 즉 '공동책임의 방식'을 개발하는 문제는 행정의 운용, 행정행위를 본질적으로 규율하는 현대 대의민주주의 정치체제 하에서 결코 간단치만은 않은 문제로, 말 그대로 경계를 넘어 '창조적' 협력과 노력이 중요한 문제입니다.[14] 이 지점에서 다시 한 번 거버넌스는 본질적으로 행정의 문제가 아니라 '정치'의 문제라고 할 수 있습니다.

거버넌스를 촉진하고 발전시키기 위한 정책을 마련하고, 나아가 거버넌스 패러다임에 맞춰 제도를 재구성할 때는 위와 같은 문제인식을 처음부터 명확히 하고 그 정책적 제도적 방안과 대안 마련에 주안해야 할 것입니다. 그래야 애초에 제도를 도입하는 취지나 기대대로 성공적으로 작동할 수 있을 것입니다. '시민들 혹은 이해 관계자들(민원인들이 아니라)의 의견을 어떻게 수렴하고 반영하느냐, 나아가 얼마나 많은 시민의 참여를 유도하고 보장하느냐' 하는 문제가 다가 아니며, '어떻게 주체의 향상을 촉진할 것인가, 어떤 기획과 과정을 통해 공동체 구성원이나 과업 수행자의 거버넌스적 변모 내지 활동 수행을 촉진할 것인가' 하는 문제와 더불어, 또 한 가지 더 중요하게는 '공동체 운영 - 공적 업무와 공공의 과제수행 과정 - 에서 권한을 어떻게 합당하게 잘 분배하고, 그에 따른 공동책임의 방식을 개발할 것인가?'에 대한 솔루션이 거버넌스 제도 설계나 재구성에서 놓쳐서는 안되는 핵심으로 되어야 합니다.

2장

분권자치는 거버넌스다

거버넌스 지방정치론

1
지방자치와 지역혁신

가. 지역위기와 지역혁신, 분권자치

 먼 이야기 같았던 지역 소멸이 현재진행형입니다. 2015년 일본정부가 발표한 소멸산식[15]을 한국에 적용하면 226개 기초지방자치단체 가운데 소멸위험지역은 2019년 기준으로 97곳에서 2020년 105곳, 올해 초 기준으로는 112곳에 달했습니다. 지역의 위기는 일상이 되었습니다. 지방 대학이 문 닫는 순서는 벚꽃 피는 순서라는 우스개 소리는 어느덧 정설이 되고 있습니다. 지역혁신과 지역의 활력창출 없이 외부자원을 아무리 들이부은들 지역의 위기극복은 난망입니다. 그리고 분권자치 강화, 온전한 분권자치, 즉 지역주권의 분권과 주민주권의 자치 없이 지역혁신 없고, 지역혁신 없이 대한민국의 미래 또한 없습니다.

5.16 쿠데타로 지방자치제 시행이 전면 중단된 지 30여년 만인 1991년 지방의회 선거가 부활한 이후 30년이 지나고 있으며, 95년부터 시행한 지방자치단체장 선거만도 여덟 번을 치렀습니다.

그간 정부에서는 지방이양추진위원회, 정부혁신지방분권위원회, 지방자치발전위원회, 자치분권위원회 등등 자치분권 추진, 촉진 관련 기구들을 만들었고, 노태우정부 시기 지방자치법의 전면개정을 비롯하여, 교육자치법, 중앙행정권한의지방이양촉진법, 제주특별자치도법 등등 관련 법제도도 정비하여 왔으며, 2020년말 30년 만에 다시 지방자치법 전부개정이 이루어졌습니다. 근래에는 분권형 개헌 논의도 지속적으로 이루어지고 있습니다.

분권자치 캠페인을 '거버넌스'의 조망 아래, '거버넌스' 관점에서 접근하는 것은 새롭고도 유망한 시도라고 할 수 있습니다. 거버넌스 자체가 곧 권한과 책임을 공유하는 분권과 자치 패러다임이며, 분권자치는 그 자체 거버넌스 확장의 한 국면으로 바라볼 때 더 많은 새로운 통찰을 얻을 수 있습니다. 거버넌스의 핵심요체는 '파트너십'과 '성찰'이고, 분권과 자치의 기저는 또한 파트너십과 성찰에, 그 미덕과 힘에 곧바로 접속하는 것이기도 합니다.

나. 지방자치를 통한 지역혁신의 사례와 성과

　민선 7기에 이르기까지 지방자치를 시행해오면서, 적지 않은 지역혁신의 성과들이 산출되었고, 지방자치의 발전, 진전 측면에서 의미있는 성취들도 있었습니다. 특히 민선 5기 이후 괄목할만한 혁신 사례들이 두드러지게 나타나기 시작했습니다. 이 시기는 거버넌스 개념이 로컬 차원에서 본격적으로 뿌려지고, 일부 지역에서 선구적으로 싹이 나고 조금씩 뿌리를 내리기 시작하는 시점과도 일치합니다.

　지방자치의 본령에 육박해 가는 경우와 국가혁신 및 그 동력으로 이어지고 확산되는 사안들을 중심으로 몇 가지 사례를 짚어보겠습니다. 이들 사례들은 짐작할 수 있듯이 거의 예외 없이 로컬거버넌스에 기반하여 혁신을 성취한 경우들입니다.

- 주민참여예산제, 주민참여를 통한 도시계획과 읍면장기발전계획 수립, 주민자치회 운영, 마을아카데미·시민대학 운영 등 주민자치의 내실화, 제도화 및 교육을 통한 자치역량 강화에서 변화와 진전된 시도들이 있었습니다.
- NGO·NPO센터, 마을공동체센터, 지역(활성화)재단 등 중간지원조직들을 설립, 지원하고 사안에 따라 관계 기관·단체·그룹들이 참여하는 다양한 정책 및 사업 협약을 맺거나, 나아가 협치 도정, 협치 시

정 비전을 제시하고 협치 조례를 제정하는 등 보다 체계적으로 로컬 거버넌스를 구축하려는 진전된 시도들이 있었습니다.
- 다양한 커뮤니티 비즈니스 모델들이 개발되고, 커뮤니티비즈니스센터, 사회적경제지원센터, 공유경제 플랫폼을 설립하는 등 사회적경제와 공유경제 개념을 도입하여 새로운 시야와 접근으로 지역경제 활성화의 기반을 마련하려는 시도들이 있었습니다.
- 수요자 계층 중심의 전략과제 수립, 찾아가는 동주민센터 등 주민 중심의 행정을 구현하고, 친환경 급식, 혁신교육, 문화예술클럽 지원 등 주민의 삶과 함께 가는 생활밀착형 정책들을 강화하는 시도들이 있었습니다.
- 마중택시, 공영버스, 범죄예방마을 등 다양한 지역 특색 아이디어 사업들이 발굴, 시행되었습니다.
- 재개발에서 지역재생으로, 토목중심 개발에서 지속가능발전으로 패러다임 변화를 선도하는 시도들이 있었습니다.
- 특히 주목할 것은 에너지전환, 무상급식, 마을만들기 등 지역혁신 사례를 통해 전 사회적 의제와 이슈를 선도하는 모범들을 창출하면서 생활정치를 선도하였습니다.
- 또한 행정과 민간 간에 대등한 상시적 소통과 논의 테이블을 통한 자율적 조정기제, 그리고 지역 주요이슈에 대해 시민자율참여의 공론장을 통한 지역의사결정 등 혁신적인 행정운영 사례들을 작성하

였습니다.
- 경기도 연정은 지방정부 차원에서 고질적인 파당정치를 극복하고 공동체의 통합에 기여하는 연합정치를 실천한 전례 없는 사례였습니다.

2

자치분권의 현실과 제약

위에서 살펴본 지역혁신 사례와 성과들은 빼어나고 일부는 중앙정부에 의해 혁신정책 모델사례로 보급되기도 하였습니다. 그럼에도 불구하고 '일부'의 사례와 노력인 것이 또한 엄정한 현실입니다.

지역의 창의와 혁신으로 지역의 어려움과 위기를 타개하고 지역의 지속가능한 미래를 기약해 가기 위해서는 지역의 자율과 책임, 자치분권의 보장이 필수입니다.

그러나 현실, 자치분권의 현실은 여전히 층층 겹겹의 제약에 둘러싸여 있는 형국이라 하지 않을 수 없습니다.

가. 법·제도 환경의 미흡

무엇보다 중요한 문제는 헌법상 자치분권국가의 이념과 비전이 부재하다는 것을 들 수 있습니다.

이것은 자치분권과 관련하여 갈등의 조정, 새로운 창안 등이 이슈가 되었을 때 이를 규율할 공동체 내의 규범, 원리, 근거가 모호하고 취약하다는 의미이기도 합니다. 또한 국정운영에서, 그리고 중앙정부 차원에서 자치분권 정책과 업무의 위상과 비중이 왜소화하는 것을 초래합니다. 실제로 중앙 행정부서 입장에서 지방자치는 여전히 일개 정책이거나 정책 수립 시 고려 사항이거나 혹은 정책집행 및 행정서비스전달 체계 정도의 위상과 의의를 갖고 있는 수준에 머물고 있는 것이 현실의 실태에 가깝습니다.

[지방자치 관련 헌법 조문]

제8장 지방자치

제117조 ①지방자치단체는 주민의 복리에 관한 사무를 처리하고 재산을 관리하며, 법령의 범위 안에서 자치에 관한 규정을 제정할 수 있다.

②지방자치단체의 종류는 법률로 정한다

제118조 ①지방자치단체에 의회를 둔다

②지방의회의 조직·권한·의원선거와 지방자치단체의 장의 선임방법 기타 지방자치단체의 조직과 운영에 관한 사항은 법률로 정한다.

자치분권 관련해서는 지자체의 권한과 재정의 측면을 주로 두고 일러 '2할 분권, 2할 자치'라는 설명이 이미 상식으로 통용되고 있습니다.

자치 입법권, 자치 사법권, 자치 조직·인사권, 자치 재정권(과세 자주권) 등에서 현저한 제약이 있는 가운데 권한과 책무의 불균형이 지적되고 있습니다. 예를 들어 지방정부 사무 중 실질 자치사무는 20~30% 정도이고 나머지는 국가사무로, 무늬만 이양되었다는 것입니다. 기능만 지방으로 이양되고, 권한·재정·인력은 그대로라는 지적이고, 그런데도 국회, 감사원, 정부합동, 행자부 등의 중복 감사로 지방은 이중, 삼중의 어려움을 겪고 있습니다.

지방자치법 전부개정으로 중앙-지방 협력회의가 신설되었지만 지방자치 관련 입법이나 중대 정책결정에 지방의 개입, 참여권한은 본질적으로 보장되지 않고 있고, 중앙정부는 지방정부를 여전히 수직적 계층구조의 하부 일선기관으로 간주하는 관성에서 벗어나지 않고 있습니다.

재정문제 역시 심각하고 절박한데, 국세 대 지방세 비율이 8대 2라는 세수구조가 근본적인 문제가 되고 있습니다. 거기에 더하여 근래에는 매칭펀드 국고보조금, 의무성지출 강요(영유아 복지예산 등) 등을 통해 중앙정부의 변형된 통제가 강화되고, 자치재정은 오히려 후퇴하는 측면도 있으며, 이에 따른 지방재정 악화는 지방자치단체 재정자립도, 재정자주도 등 관련 지표 하락에서도 경향적으로 확인되고 있습니다.[16]

나. 정치적 제약

분권자치는 곧 민주주의 문제, 풀뿌리 민주주의 문제이고, 민주주의 기반의 공고화 문제이고 민주주의의 심화의 문제입니다. 그에 반해 우리 정치 현실은 이와는 너무도 큰 괴리가 있습니다.

정당민주화와 정당 내 분권은 아득히 요원하고, 지방정치의 선출직 공천제도는 중앙정치의 종속변수로, 현실 정치에서 지방의원은 중앙정당, 중앙정치인의 지역 말단조직원의 위상을 크게 벗어나지 못하고 있습니다. 이런 사정으로 지방정치가 중앙정치의 패권다툼과 정쟁에 휘둘리고 하향식 공천 등을 통해 중앙정치에 예속되면서 지방정치가 왜곡되거나 실종되고 파당중심 권력정치문화가 지방정치에 고스란히 투영되어 주민 삶 중심의 생활정치에 가로막이 되고 있는 실정입니다.

지방정치를 중앙정치의 예속으로부터 보다 본원적으로 벗어나게 할 수 있는 지역정당 체제는 현재로서는 난망입니다. 현재의 정당법상 지역정당은 원천적으로 불가능합니다.[17) 또한 오랫동안 우리 정치발전의 발목을 잡아온 지역주의 같은 정치문화, 정치의식과 관행의 문제도 지적하지 않을 수 없습니다.

다. 관성적 관점 내지 인식의 문제

우리에게 너무 익숙하여 내재화하다시피 한 관점들도 일종의 원초적 한계로 작동하고 있다고 할 수 있습니다.

첫째로, 국민국가적 관점이라는 관성이 있습니다. 정부, 공권력, 주권공동체의 범위를 국민국가 단위로 전제하는 선험적 인식이 존재합니다. 이 같은 관점에서는 지방은 일개 관리 대상의 범주에 머물 수밖에 없습니다.

둘째로, 관료국가적 관점이라는 관성이 있습니다. 정부 = 중앙집권적 관료체제로 인식되는 현실에서 주민자치는 승인과 감시, 시혜 대상 사무의 영역으로 인식되기 마련입니다.

셋째로, 영토국가적 관점이라는 관성이 있습니다. 주권(활동) 범위를 전통적인 지리 및 영토와 등치하는 인식이 존재합니다. 이 같은 관점이 활발하게 작동하는 한 지역주권의 개념이 자리할 여지가 넓지 않고, 지역균형발전은 기계적인 조정이나 보전·보상이 필요한 일종의 국가 복지사업처럼 간주되기 쉽습니다.

라. 주체 측면의 과제

이 모든 문제들의 귀착점이자 동시에 문제해결의 출발점, 근거도 결국 주체, 지역 주체라고 할 수 있습니다.

마지막으로 지방자치와 지방분권 주체 측면의 과제를 짚어보겠습니다.

첫째, 무엇보다 분권자치의 주체역량 강화의 과제를 안고 있습니다. 확립된 제도에 따라 설립된 지역기관의 존재 이전에 오히려 그를 실질적으로 채우고 뒷받침할 수 있는, 즉 분권자치를 실질적으로 주도할 수 있는 주체역량이 온전히 갖추어진 지역이 많지 않은 것이 현실의 형편임을 부인할 수만도 없습니다.[18]

둘째, 주민자치 전통이 취약하고 시민 주권자의식이 불완전한 환경 틈새에 자리 잡는 지역토호 카르텔의 득세를 극복하는 과제가 남아 있습니다.

셋째, 21세기 다원화·글로벌화 시대 민주주의 진화 패러다임으로서 자치분권을 선취할 주체역량 확대강화의 튼튼한 근거 틀이자 지역 활로 개척의 기반이 되는 로컬거버넌스의 활성화, 전면화도 여전히 큰 과제라고 할 수 있습니다.

3
거버넌스 패러다임과 분권자치 캠페인 전략

 그간 다양하게 진행된 자치분권 논의와 캠페인들의 주안점이나 방향을 들여다보면, 주로 자치와 분권의 당위성과 필요성에 대한 주장으로부터 해서, 이에 비추어 미진한 현실, 그중에서도 법제도적 미비 내지는 제약을 지적하면서, 관련하여 간간히 중앙의 기득권의식을 질타하고, 이에 근거하여 중앙에 대해, 중앙정부와 국회에 대해 요구하고 혹은 설득하는 내용이 주를 이루었다고 할 수 있습니다. 이에 그간 상대적으로 소홀하였던, 말하자면 자치분권의 주체에 주안한 접근과 모색이 또한 절실하지 않을 수 없습니다. 분권자치 캠페인에서 거버넌스 패러다임을 확고히 하는 것은 주체에, 주체의 변화와 역량강화에 천착하는 미덕이 있습니다.

가. 분권자치 의제에서 거버넌스 패러다임의 함의와 의의

거버넌스의 핵심요체는 '파트너십'이라고 했습니다. 파트너십은 자기 성찰과 상대방에 대한 심려 없이 온전히 이루어질 수 없으며, 이 같은 맥락에서 거버넌스 주체혁신의 핵심에는 '성찰'의 내면화, 일상화가 자리하게 됩니다. 그리고 파트너십의 전제이자 결과로서 사회적 신뢰의 축적이 요구됩니다.

자치분권 의제에서 거버넌스 패러다임이 갖는 의의와 함의를 간단히 짚어 보겠습니다.

첫째, 수평적이고 대등한 파트너십으로서 분권자치 이해입니다. 수직적 위계구조에서 위로부터의 권한을 조금, 더, 많이 분배받는 것으로서 분권의 요구, 요청이 아니라, 이 세계의 실상의 하나로 존재하는 서로 다른 영역 간의 민주적이고 대등한 파트너십을 확립해 가는 문제입니다. 즉, 자치분권의 논리와 정당성의 근거를 행정의 편의와 효율의 문제를 넘어서 21세기 거버넌스 시대에 민주주의 본령의 문제로 정당하고 온당하게 확장·강화할 수 있습니다.

둘째, 부단한 자기성찰과 분권자치 주체의 자기 강화를 내재적으로,

선제적으로 요청하는 것입니다. 여기서 중요한 것은 지역 내에서 분권자치의 실현, 지역 내 건강한 파트너십의 확대·강화에 대한 성찰이라고 할 수 있습니다. 분권자치 캠페인의 진전과 성취를 위해서는 중앙에 대한 요구와 함께, 사실은 그보다 앞서, 지역주체들 특히 지방정치 주체들이 지역 내 분권과 자치를 솔선실천하는 것이 매우 중요합니다. 지역사회와 지역주민들과 권한과 책무를 공유하고, 로컬거버넌스의 강화·활성화를 통한 분권자치 실천으로 실제 지역혁신 사례들을 지역의 다원성에 기초하여 다양하게 창출하고 확산하는 것이야말로 분권자치의 효과·효능을 웅변하고 중앙에 불가피성을 압박하고 강제하는 가장 강력한 분권자치 캠페인이 될 수 있습니다.

셋째, 과정의 패러다임으로서 거버넌스의 유연성입니다. 이는 분권자치를 성취해 가는데서 때로 관성적이고 때로 맹목적인 주장과 요구의 행동을 넘어서는 전략적 접근을 자연스럽게 유도할 수 있습니다. 중앙과의 파트너십, 다른 지방과의 파트너십을 인식하고 대등한 입장에 설 때 전략 구사의 동인과 유인이 강화될 수 있습니다.

나. 분권자치 캠페인의 새로운 접근 전략들

거버넌스 패러다임에 기반하여 분권자치 캠페인을 전개할 때는 아래와 같은 접근 전략들을 자연스레 도출할 수 있습니다.

① 확고한 주체중심의 관점

무엇보다 확고한 주체의 관점, 주체중심의 관점, 주체 성찰의 관점을 견지해야 합니다.

분권은 결코 거저 주어지지 않으며 결국 주체가 성취하는 것입니다. 자치는 저절로 이루어지지 않으며 주체역량 없이, 주체의 성숙과정 없이 자치는 불가능합니다.

이와 관련해서는 구체적으로 세 가지 요점을 이야기할 수 있습니다.

첫째로, 끊임없는 자기성찰 속에서 지역의 역량, 지역주체의 역량을 타산하면서, 건강하고 민주적이고 성숙한 지역주체의 발굴과 성장과 확대, 주체역량의 강화를 으뜸가는 과제로 놓치지 않아야 합니다.

둘째로, 지역 안에서부터, 그리고 지역 간에 다양한 층위와 범위에서 분권과 자치를 구현하고, 확대·강화하는 다양한 내용과 형식과 수준에서의 전범典範들을 창출해가야 합니다. 이로써 분권과 자치를 시대의 대세로 만들면서 대중의 이해와 지지와 참여를 확산해 가야 합니다.

셋째로, 자치와 분권, 특히 지방분권의 확대를 성취하기 위하여 여러 지역 주체들 간에 건강하고 실질적인 분권자치 네트워크들을 광대권역으로 전국으로 확대하고, 네트워크 스스로 자치분권의 본령에 걸맞는 건강한 수평적 연대협력과 공동행동을 통해 중앙과의 전략적 파트너십 및 협상역량을 강화해야 합니다.

② 자치분권을 통한 국가개조 선도의 담대한 비전 제시

지역의 창의적 다원적 혁신과 활력이 국가 전체의 혁신을 촉진하고, 나아가 극심한 글로벌경쟁체제 하에서 국가개조와 세계의 선진화善進化를 선도할 수 있다는 담대한 비전이 요청됩니다. 그렇지 않으면 글로벌 경쟁의 압력과 부담 아래서 자칫 지역과 지방자치의 위상을 손상시킬 수도 있습니다.

요컨대, 로컬거버넌스에 굳게 기반하여 글로벌 전망을 구체화해가는 것, 즉 '글로컬거버넌스'가 지역발전의 혈로이자 글로벌시대, 포스트글로벌시대에 국가의 혁신개조와 도약의 강력한 동력이라는 인식을 지역주체 스스로 확고히 할 필요가 있습니다.

온전한 분권자치 없이 지역혁신 없고, 지역혁신 없이 대한민국의 미래 없다는 시대적 슬로건을 구체적인 현실에서 실례로, 비전으로 작성할 수 있어야 합니다.

③ 거버넌스 패러다임의 선도적인 전면실천

국가·사회·공동체 운영의 새로운 패러다임으로서 거버넌스를 적극적으로 수용하고 전면적으로 적용해가야 합니다. 거버넌스 패러다임은 궁극적으로 로컬거버넌스, 국가거버넌스, 글로벌거버넌스 모든 층위에서 전면화하는 전망을 가져야합니다. 거버넌스 패러다임과 그 핵심요체로서 파트너십은 각각의 층위 차원 내에서 적극 구현함과 아울러 서로 다른 층위 간에도 적용해야 한다는 인식과 전망을 가져야 합니다.

즉, 로컬거버넌스 층위에서는 지방행정과 지방의정, 지역의 민과 관 간에 수평적 파트너십을 강화하고 전면화해야 합니다. 뿐만 아니라, 지역의 입장에서 중앙과 지방, 지방정부와 중앙정부 간에도 파트너십 관점을 스스로 도입하고 또한 지방(정부) 간에 그리고 다양한 글로벌 차원 간에도 파트너십을 다기다양하게 형성, 강화해 간다는 관점이 필요합니다. 이같은 일련의 과정의 중첩과 반복을 통해 지역의 역량과 위상을 강화해 갈 수 있습니다. 현재와 미래의 지역, 국가, 블록region, 글로벌을 가로지르는 다양다기한 파트너십과 세계화의 선진화의 총체가 점차로 글로벌거버넌스의 전망을 구체화할 것입니다. 이 과정에서 태생적으로 배타적이고 패권적인 국민국가를 우회하는 글로컬거버넌스는 문명사적 의의를 갖게 될 것입니다.

④ 지역거버넌스포럼 조직과 네트워크 구축 - 당면한 행동방안의 예

지역사회에 주인의식이 있고 거버넌스 패러다임을 이해하고 수용하는 분권자치의 주체들, 지방의원들을 포함하여 다양한 부문영역의 지역주체들이 자발적이고 임의적인 지역거버넌스포럼(가칭)을 구성·운영하는 것은 좋은 행동방안이 될 수 있습니다.

이같은 지역거버넌스포럼은 자치분권 캠페인 상에서 충분히 전략적 의미를 가질 수 있습니다.

첫째, 현실적으로 온전한 분권자치 캠페인 주체형성의 마중물이 되고, 나아가 장차 지역포럼 간 전국적인 네트워크를 형성할 경우 분권자치캠페인 전개의 전략적 구심단위의 하나가 될 수 있습니다.

둘째, 로컬거버넌스 고도화 기구로서 지역조정위원회 구성과 운영을 가늠하는 선구적인 전략적 시금석이 될 수 있습니다.

⑤ 「지역조정위원회」 구성 전망과 선도적 운영 준비

장차 확고하게 로컬거버넌스를 담보하기 위해서는 적어도 광역단위 이상에서는 장기적으로 전 지역적 거버넌스 총괄기구로서 (가칭)지역조정위원회 도입과 구성을 전망하고 준비해가야 할 것입니다.

지역조정위원회는 지역 내 모든 부문영역(대표)으로 구성하여, 지방의회와 병존하되 지역공동체의 조정과 통합, 원숙한 사회발전을 본원적 존재 이유로 하는, 명실상부한 로컬거버넌스 총괄조정기구가 되어야 합니다. 이 때 제도우선주의, 기구만능주의들은 오히려 해가 되고 독이 되며, 오롯이 주체가 성숙해가는 시간의 과정을 거치면서 서서히 그 온전한 구성과 운영을 전망해야 할 것입니다. 미래 거버넌스 국가로의 개조, 즉 장차 전 국가적 거버넌스 총괄기구로서 사회조정위원회 구성·운영 전망을 선도하는 차원에서도 명실상부하게 지역공동체의 온전한 거버넌스 운영을 전망하고 그 전면화의 경로를 학습하고 기획하고 실험하면서 현실에서 준비해가야 할 것입니다. 이에 대해서는 뒤에 다시 이야기하겠습니다.

3장

천千의 지방
천千의 정부

거버넌스 지방정치론

1
지방정부 기관구성 형태

가. 지방정부와 지방의회 간 관계

거버넌스 시대의 지방정치를 이야기할 때 지방정부와 지방의회 간 거버넌스 역시 중요한 이슈의 하나가 됩니다. 거버넌스 민주주의 시대의 지방정치론의 주요 내용으로 거버넌스 지방정부론, 거버넌스 지방의회론을 모색하면서, 그에 앞서 지방정부 기관구성 형태를 짚고 살피는 것은 현대 대의민주주의의 주요 원리 혹은 핵심 구성원리의 일부로 자주 강조되는 삼권분립론에 대해 주민주권론의 입지에서 진지하게 성찰하게 하는 기회가 될 수 있습니다. 특히 강단체장-약의회형 기관구성을 당연하고 유일한 지방정부 권력구조인 듯이 여기는 관성과 의식이 화석처럼이나 굳어 있는 우리 현실에서는 현존하는 대의제의 다양성·유동성, 나아가서는 그 진화와 창조의 가능성과 필연성에 이르기까지 연쇄 물음의 고리를 던지고 흔드는 민주주의 사유 실험의 주제가 될 수 있습니다.

 지방정부의 기관구성 형태는 지방자치의 전통과 문화·역사적 배경, 지방의 특수성 등에 따라 나라와 지역 마다 서로 다른 모습, 실로 다양한 모습을 보이고 있습니다. 그렇듯 다양한 지방정부의 기관구성 형태를 분류할 때는 일반적으로 의사결정기능과 집행기능이 단일기관에 속해 있는가 혹은 분리되어 있는가에 따라 기관통합형-일원대표제 모델과 기관분립(대립)형-이원대표제 모델로 구분합니다. 그리고 이 두 가지 형태가 혼합된 절충형도 있습니다. 그 밖에 주민총회형의 직접민주주의 방식을 포함하여 네 가지 형태로 구분하기도 합니다만, 주민총회형 모델은 외국에서도 아주 작은 규모의 지자체에서 극히 일부 채택하고 있어서 매우 예외적인 형태로 간주합니다.

나. 지방정부 기관구성 방식, 형태

 지방정부의 기관구성 방식으로서 기관통합형 모델, 기관분립형 모델, 절충형 모델 등 세 가지 기관구성 형태에 대한 일반적인 논의는 다음과 같이 요약할 수 있습니다.

① 기관통합형

주민들의 투표를 통해 선출된 대표기구인 지방의회가 의결기능과 집행기능을 동시에 수행하는 형태를 말합니다. 지방자치단체의 정책결정기능과 정책집행기능을 하나의 기관이 담당하는 것으로 의원내각제와 유사한 형태라고 할 수 있습니다.

기관통합형은 다시 두 가지 유형으로 구분할 수 있는데, 하나는 지방의원의 일부가 내각 또는 집행위원회를 구성하여 집행권을 행사하는 내각제형이 있고, 다른 하나는 지방의원전체가 집행기능을 나누어 행사하는 위원회형이 있습니다. 내각제형 기관통합형 모델은 영국의 사례가 대표적이며, 의회 다수당이 내각이나 내각과 유사한 집행위원회 executive committee를 구성하여 지방정부의 집행기능을 담당하는 형태로 운영됩니다. 위원회형의 기관통합형 모델은 주로 미국에서 나타나며, 주민에 의해 선출된 소수 위원들이 위원회를 구성하여 의결기능과 집행기능을 수행하는 형태를 띠고 있습니다.

기관통합형 기관구성방식이 갖는 장점으로는 첫째, 의결기관과 집행기관의 통합으로 기관 간 마찰 및 이로 인한 행정의 낭비가 적다는 점이 꼽히고, 둘째로 주민의사 반영의 대표성을 들 수 있습니다. 이에 반해 기관통합형 기관구성방식의 단점으로는 의결기관과 집행기관의 통합으로 인하여 견제와 균형의 원리가 작동되기 어렵기 때문에 권력 남용의 가능성이 있다는 점이 꼽히고, 다양한 지방 차원의 이익집단과 사회계층 대표들의 능력 문제, 지방행정에 대한 과도한 정치적 개입 문제, 전문성이 부족한 대표 선출시 행정비능률 초래 등과 같은 문제점들이 나타날 수 있습니다.

② 기관분립형

기관분립형 혹은 기관대립형 기관구성방식은 수장형 presidential system 이라고도 하며, 의결기관과 집행기관이 분리되어 상호 견제와 균형을 이루는 형태로 대통령제와 유사한 제도라고 할 수 있습니다. 기관분립형 기관구성 방식은 대부분 집행기관의 전문화에 방점을 두고 있으며, 의결기관의 견제와 균형을 통해 집행기관의 단점을 보완하는 형태를 띠고 있습니다. 일반적으로 기관분립형 기관구성방식에서는 의결기관과 집행기관의 장을 모두 주민들의 직접선거에 의해 선출하여 구성합니다.

기관분립형 기관구성방식은 두 기관의 권한배분 정도에 따라 다시 강단체장-의회형과 약단체장-의회형으로 구분할 수 있습니다. 강단체장-의회형 기관구성방식에서는 집행기관장이 행정권과 인사권, 예산권 등 정책집행에 관한 핵심적 권한을 모두 가지고 있으며, 의회의 의결에 대한 거부권을 갖고 있어서 의결기관인 지방의회에 비해 월등히 우월적인 권한을 지니게 됩니다. 약단체장-의회형 기관구성은 권력이 집행기관장 한 명에게 편중되는 것을 막기 위해 고안된 형태로 다수의 의원으로 구성된 의회가 고위직 공무원에 대한 인사권과 행정운영에 대한 감독권을 갖고 있으며, 따라서 집행기관장은 정책결정 및 행정집행에 있어서 주도권을 갖기가 힘들고 상당한 제약을 받게 됩니다.

기관분립형 기관구성방식은 집행기관의 구성방법에 따라서도 구분할 수 있는데, 즉, 집행기관 직선제형, 집행기관 간선제형, 집행기관 임명제형으로도 구분이 가능합니다.

기관분립형의 장점으로는 의결기관과 집행기관이 분리되어 있기 때문에 두 기관 간 권력분립과 상호견제 및 균형의 원리 구현이 가능하다는 점, 행정권이 통합적으로 행사되어 행정의 안정성이 확보된다는 점 등을 들 수 있습니다. 반면에 단점으로는 두 기관 사이의 견제와 균형이 제대로 이루어지지 않는 경우 심각한 정치적 갈등이 나타나게 되며, 이로 인하여 행정의 비능률성과 정치적 불안정이 초래될 수 있다는 점을 꼽을 수 있습니다.

③ 절충형

기관통합형과 기관분립형을 혼합한 절충형은 이사회형 board system 이라고도 합니다. 의회-이사회형council-board system 기관구성은 의사결정기관인 의회를 모체로 몇 개의 독립된 집행기관이 행정을 담당하는 형식을 갖고 있습니다. 절충형 기관구성 형태의 특징은 의결기관과 집행기관이 분리되어 있어 기관분립형의 요소를 갖고 있지만 상호 대립적이지 않은 기관구성 유형으로 기관통합형 요소를 갖고 있다는 것입니다.

 절충형의 대표적 사례로 20세기 초 도시개혁운동의 한 방편으로 도입되었던 미국의 시정관리관형city-manager plan을 들기도 합니다. 시정관리관형은 지방의회의 책임 하에 전문행정인을 행정책임자로 임명하여 행정을 관리하는 형태로, 의회중심 체제 하에서 행정의 전문성 제고 및 책임행정 구현이 가능하다는 장점을 갖고 있습니다.

2

외국의 지방자치와 지방정부 기관구성

가. 미국

미국은 헌법에 제시된 견제와 균형 체제 system of checks and balances를 근간으로 하는 연방제 국가이며, 정부의 계층 구조는 연방정부, 주정부, 주정부의 하위정부인 지방정부 등 3개 계층으로 되어 있습니다.

미국 연방헌법에는 지방정부에 대한 규정이 없고 지방정부와 관련된 용어도 없습니다. 지방정부는 주헌법의 산물이며 주정부의 헌법과 법률에 따라 지방정부의 권한이 조정·변경될 수 있습니다. 지방정부와 지방의회는 주정부의 헌법과 법률에 따른 자율적 통치기구로서 집행부와 지방의회는 대부분 주민들의 직접선거로 구성됩니다. 미국의 지방자치법 체계는 기본적으로 주헌법에서 자치권을 규정하고 자치권 확대를 위한 관련 법률들이 자치권의 보장 및 실천을 지원하는 체제라고 할 수 있습니다.

미국의 지방자치제도는 나라의 크기만큼이나 그 형태가 또한 복잡하고 다양합니다. 미국의 지방자치단체 기관구성은 의결기관과 집행기관의 조직구조에 따라 시장-의회형, 위원회형, 의회-시지배인형, 주민총회형의 네 가지 형태로 구분할 수 있으며, 시장-의회형의 경우 다시 강시장-의회형, 약시장-의회형, 수석행정관형의 세 가지 형태로 세분화할 수 있습니다. 미국의 지방정부 기관구성에 대한 구체적인 소개는 책의 맨 뒷부분 '덤' 편에서 다루도록 하겠습니다.

나. 영국

영국은 지방자치의 발상지로 잉글랜드와 스코틀랜드, 웨일즈, 북아일랜드로 구성된 단일국가이면서도 지역별로 상이한 제도를 운영하는 등 연방국가적 성격을 보유하고 있습니다. 불문헌법 국가인 영국에서는 의회가 제정한 법률과 관습법이 지방자치의 근거가 되고 있습니다.

영국의 전통적 지방자치제도는 의회형으로 의회 의장이 지방 자치단체를 대표하며, 의회에 각 사무분야별 소관위원회가 설치되어 행정각부와 일치하도록 편성되어 있습니다.

위원회는 법률에 의해 설치가 강제되어 있는 법정위원회와 지방자치단체가 임의로 설치할 수 있는 상임위원회 및 특정한 목적을 위해 설치되는 특별위원회로 구분되는데, 이러한 위원회가 각각 소관사항의 행정사무를 관리 및 운영하며, 소관사항에 대한 정책결정과 의회의 통과를 위한 결의안을 준비하는 형태입니다.

지방의회가 집행기관을 겸하고 있는 기관통합형 형태이기 때문에 지방정부의 회계감사를 전담하는 각계의 대표로 구성된 지방정부감사위원회가 전국 지방정부에 대한 감사를 전담하면서 통일적 기준을 적용하고 있으며, 지방정부 감사위원회와 지방의회와의 관계는 시정 및 지시의 관계만을 갖고 있는 것이 특징입니다.

지방정부는 원칙적으로 영국의회가 제정하는 법률에 따라 개별적으로 부여된 사무의 처리만이 가능하며, 부여된 범위를 넘어선 행위는 월권행위 금지의 법리 ultra vires에 의해 위법으로 간주되기 때문에, 국가와 지방자치단체 및 동일 지역 내의 지방자치단체 간 역할분담이 분야별로 명확히 구분되어 있습니다.

기관통합형의 위원회 중심 의회제도는 논의과정에서 상당한 시간이 소모되고 정책결정에 대한 책임성의 소재가 모호하여 정책결정과정의 투명성이 결여된다는 비판이 제기되어 왔습니다. 이에 따라 지방행정의 책임성, 투명성 및 지방자치단체의 역할 제고를 위한 개혁이 추진되었으며, 1999년 GLA법 Greater London Authority Act 제정과 2000년 지방정부법 Local Government Act 개정을 통해 새로운 기관구성 방안이 제시되었습니다.

지방정부법은 잉글랜드와 웨일즈 지역을 대상으로 한 지방정부개혁을 위한 법률로 지역 내 경제, 사회 및 환경, 복지정책을 추진할 수 있는 권한을 지방정부에 부여하고, 의회 전체가 지녔던 정책결정과 평가에 대한 책임을 정책결정 책임을 갖는 내각구성의원 executive 과 정책평가를 담당하는 일반의원 councillors outside the executive 으로 이원화함으로써 여당의원 중심의 내각 및 지방정부와 의회의 기능분리를 골자로 하고 있습니다. 또한 직접선거를 통한 단체장의 선출을 각 지방정부가 자율적으로 선택하도록 하고 있습니다.[19]

2000년 4월 새롭게 구성된 런던광역시는 영국 지방자치 역사상 처음으로 기관분립형 정부형태를 채택하여, 런던시장이 시민의 직접선거를 통해 선출되고, 집행부의 견제를 위해 런던광역시 의회가 설치되어 있습니다.

이같은 최근 일련의 개혁을 통해 영국은 지역의 특색에 맞게 기관구성을 자유롭게 변화시킬 수 있도록 제도적 기반을 마련하였으며, 이로 인해 지방정부의 역할은 더욱 중요해지고, 하향식 top-down 통제를 가해왔던 중앙정부와 지방과의 관계도 변화하고 있습니다.

　2007년 지방정브·보건분야공공관여법Local Government and Public Involvement in Health Act에서는 소규모 지방정부(인구 85,000명 이하)를 제외한 모든 정부에서 내각-내각지도자형과 직선시장-내각형 중 하나를 선택하도록 의무화하고 직선시장-관리자형은 폐지하였습니다. 2011년 제정된 지역분권법 ocalism Act에서는 인구 85,000명 이상의 지방정부도 수정위원회를 선택하여 변경이 가능하도록 하였습니다. 이에 따라 영국의 지방자치단체 기관구성 방식은 의원내각형(내각-내각지도자형), 직선시장-내각형, 수정위원회형 세 가지 유형[20]의 구조를 보이고 있습니다.

다. 일본

　일본은 도쿄도, 홋카이도, 오사카부, 교토부 및 43개 현縣으로 구성되어 있으며, 도도부현都道府縣 하부에 시정촌市町村이 있고, 일부 도시에는 행정상 별도의 정령지정도시, 중핵시, 특례시 등이 설치되어 있습니다. 일본은 제2차 세계대전 이후 연합군 총사령부에 의하여 지방자치제도가 도입되었습니다.

　1947년 일본국헌법에 지방자치에 관한 장을 포함시키고 지방자치법을 제정하였습니다. 1970년대 후반 경제 저성장으로 인하여 맞닥뜨리게 된 국가와 지방의 재정위기 및 민간 기업의 감량경영 등과 같은 문제의 해결을 위하여 행정개혁을 추진하였고, 지방화 시대, 분권화 시대에 접어들게 되었습니다. 일본의 지방공공단체는 헌법 제8장 지방자치조항(제92조~제95조)에 의해 헌법적 지위를 갖고 있습니다. 헌법 제92조에서는 지방공공단체의 조직 및 운영에 관한 사항을 규정하고 있으며, 이에 근거하여 기본법인 지방자치법과 지방자치 관련 법률 등이 있습니다. 제93조에는 법률에 따라 의회를 설치하고, 단체장 및 의회 의원을 주민직선을 통해 선출하도록 명시적으로 규정하고 있으며, 제94조는 자치입법권 및 단체 자치를 가능하게 하는 근거를 제공하고 있습니다.

일본은 중앙정부 차원에서는 의원내각제를 채택하고 있지만, 지방정부 차원에서는 단체장과 의회 간의 견제와 균형을 위해서 기관분립형 기관구성 방식을 채택하고 있습니다. 집행기관의 부단체장은 자치단체의 장이 의회의 동의를 얻어 임명하도록 하여 단체장의 임명권은 지방의회의 견제를 받도록 하고 있습니다. 다만 법 단서조항으로 조례로 정할 경우 부단체장을 두지 않을 수 있다는 규정을 둠으로써 지역의 정치, 경제적 상황이나 문화적 특성 등에 따라 선택할 수 있도록 하여 지역에 자율성을 부여하고 있습니다. 부단체장의 임기는 4년이고, 임기 중에도 의회의 동의 없이 해임이 가능합니다.

일본의 지자체 집행기관은 단체장으로 집중되어 있지 않고, 지자체 사무 가운데 정치적 중립성과 독립성이 요구되고 공정한 판단이 필요한 사무의 경우에는 단체장으로부터 독립된 위원회를 설치하여 업무를 수행하도록 함으로써 집행권한을 분산하는 일종의 다원주의를 구현하고 있다고 볼 수 있습니다.

지방의회는 조례제정 및 예산, 결산 인정 등을 포함한 의결권과 지방자치단체 사무에 대한 검열, 집행기관의 보고 청구, 사무관리, 의결의 집행 및 출납 검사를 총괄하는 검사권과 감사청구권, 해당 지자체의 문제사건 등에 대한 정치조사 등을 위한 조사권 등을 지니고 있으며, 지방자치단체장의 집행부 주요 보직자 임명에 대한 동의권도 행사할 수 있습니다. 특히, 일본은 지역의 특성에 맞게 지방의회가 자율적으로 조례를 제정할 수 있도록 보장하고 있습니다.

단체장과 의회의 기관분립주의를 채용하는 상황에서 의회에는 단체장에 대한 불신임의결권을, 단체장에게는 의회해산권을 부여하고 있습니다. 의회가 단체장 불신임의결을 행한 경우 단체장은 10일 이내에 의회 해산이 가능하고, 불신임 의결에는 의원 수 3분의 2이상의 출석과, 출석 의원 4분의 3이상의 동의가 필요합니다. 지방의회의 단체장에 대한 불신임권은 단체장의 권한과 임무수행에 관한 견제 수단 중 가장 강력한 것이라 할 수 있습니다.

라. 프랑스

프랑스의 지방자치제도는 미국이나 영국의 분권적인 형태와 대조적으로 중앙집권적이고 계층적인 형태가 두드러집니다. 지방행정에는 계층제도가 확립되어 있고, 의회 위원회형보다 집행수장형으로 운영되는 특징을 보이고 있습니다. 기초 지방행정단위인 모든 콤뮨commune[21]이 동일하게 지방자치단체로서의 지위를 가지면서, 중앙정부의 하위기관적 성격도 갖는 이중적 지위를 갖고 있습니다.

프랑스는 1982년 시행된 지방분권법에 따라 지방의회의 의장이 집행기관의 장으로서의 지위를 겸하고 있으며, 의장 밑에 집행 사무조직을 두고 있는 형태를 100개의 중간자치단체deartement와 24개의 광역자치단체region에서 채택하고 있습니다. 기존에는 중간자치단체에 임명직 지사prefet를 두어 자치단체의 수장으로서의 직무와 국가 대표기관으로서의 직무를 수행하였지만, 1982년 지방제도개혁에서 중간자치단체의 지사제도를 폐지하고 자치단체 수장의 관장업무를 의회의 장이 처리하게 하였으며, 이러한 조직 형태를 광역자치단체에도 적용하고 있습니다.

프랑스 지방정부는 획일적인 기관통합형으로 운영되는데, 주민의 직접선거에 의해 구성되는 지방의회는 지방정부의 모든 정책결정권 및 자치입법권을 보유하는 동시에 자치행정에 대한 궁극적 책임을 함께 지고 있습니다. 단체장은 의장 겸직이며 의원총수의 30% 범위 내에서 선출되는 부단체장(부의장 겸직)이 소관분야별 상임위원회(일반적으로 부단체장이 위원장)와 집행기관에 깊숙이 관여하며, 정책결정과 집행이 긴밀히 연계되는 내각제 운영방식의 기관통합형이라고 할 수 있습니다.

다만, 자치행정의 전문성을 위해 행정기관의 사무총국장 격인 수석행정관제 혹은 시경영인제 등과 같은 영미법계 국가의 조직운영 형태를 도입하여 획일적 조직운영의 한계를 극복하기 위한 다양한 대안으로 활용하고 있습니다.

마. 독일

독일은 13개의 광역주와 3개의 도시주를 포함하여 총 16개 주로 구성되어 있는 연방국가입니다. 독일의 각 주는 주헌법과 의회, 정부 및 법원을 가지며, 국가에 준하는 지위와 권한을 갖고 있습니다. 특히, 베를린과 함부르크는 도시국가 stadtstaat 로서 주의 지위와 지방자치단체의 지위를 동시에 갖고 있습니다.

각 주의 행정부는 주정부의 계획수립에 자치단체를 참여시켜 이해관계를 조정하고 협력관계를 유지하며, 자치단체의 조례 및 규칙에 대한 지도와 감독을 하고 있습니다.

독일 기본법Grundgesetz 제28조 2항에서는 "지방자치단체에 법률의 범위 내에서 지역사회의 모든 사무를 자기 책임 하에 규율할 권리가 보장되어야 한다"고 규정함으로써 지방자치단체의 자치권 개념과 내용을 명확히 하고 있습니다. 그리고 제70조에서는 기본법에서 연방에 입법권을 부여하지 않는 한 주가 입법권을 가진다고 규정하고 있어서 주의 통치제도와 지방자치제도는 각 주마다 주헌법에 기초하여 제정되는 법규정으로 정하고 있으며, 이에 근거하여 지방자치단체 단위의 종류와 형태를 정하고 지방자치단체의 처리사무 범위 및 개별 사무에 대한 지방자치단체의 권한과 책임범위를 설정하고 있습니다.

독일의 행정계층체제는 연방bund과 주land, 지방자치단체로 구성되어 있으며, 규모가 큰 바덴-뷔르템베르크주, 바이에른주, 헤센주, 노르트라인-베스트팔렌주, 작센주 5개 주에는 정부관구regierungsbezirk라는 주행정기관이 따로 설치되어 있습니다. 도시주를 제외한 광역주 구역 내에는 기초 순수자치단위로서 게마인데gemeinde와 광역단위로서 크라이스kreis가 일반적으로 존재하고 있습니다.

독일의 지방자치단체 기관 구성은 주에 따라 다양하게 나타나지만, 현재는 대체적으로 이사회형, 북독일의회형, 남독일의회형의 3개 유형으로 구분할 수 있습니다. 세 유형의 구분은 첫째, 단체장선거방식, 둘째, 의회의 의장, 셋째, 집행부의 수장, 넷째, 대외적인 자치단체의 대표에 따른 것입니다. 즉, 시장선거가 주민직선인지 아니면 의회를 통해 이루어지는지, 누가 의회를 소집하고 의회 일정을 정하며 회의를 주관하는지, 누가 의회의 결정을 집행하며 감독하는지 혹은 자치단체 공무원의 수장이 누구인지, 외부에 대해 자치단체를 대표하는 이가 누구인지 혹은 누가 자치단체의 이름으로 외빈을 영접하는지 등에 따라 구분됩니다.

바. 외국의 지방정부 기관구성 사례 유형

지금까지 간략하게 살펴본 바에서도 알 수 있듯이 지방정부 기관구성 방식은 국가마다 지역마다 매우 다양한 형태를 취하고 있습니다.

지방정부 기관구성 형태의 유형화는 크게 두 가지 차원에서 이루어질 수 있습니다. 하나는 정치적 분업관계를 기준으로 한 유형화이며, 다른 하나는 지방정부가 수행하는 행정기능의 분업관계에 초점을 둔 유형화입니다. 통상 전자의 기준에 따른 유형은 앞서 언급한 바와 같이 집행기관과 의결기관의 분리·통합 여부에 따라 이원대표제 모델(분립모델)과 일원대표제 모델(통합모델), 절충형 모델의 세 가지로 구분할 수 있습니다.

행정기능의 분업관계 측면의 유형 구분은 행정권한을 단체장과 의회 중 누가 실질적으로 행사하는지에 따른 구분으로 단체장 중심, 의회 중심, 대리인 중심 등 세 가지로 유형화가 가능합니다.

위 두 가지 분류기준을 융합하여 현재 지방자치제도를 시행하고 있는 미국, 일본, 영국, 프랑스, 독일 등의 기관구성 형태를 유형화하면 다음의 표와 같이 분류할 수 있습니다.

[표1] 외국의 지방정부 기관구성 유형 분류 예

		정치 기관의 분업 관계		
		기관분립형	기관통합형	절충형
행정 권한 주체	단체장 중심	• 강시장-의회형(미국) • 강단체장-의회형(일본)	• 직선시장-내각형(영국) • 남독일의회형(독일)	• 이사회형(독일)
	의회 중심	• 약시장-의회형(미국)	• 의원내각형(영국) • 위원회형(미국) • 북독일의회형(독일) • 의회의장형(프랑스)	
	대리인 중심	• 시장-수석행정관형(미국) • 의회-시지배인형(미국)		

3

지방자치단체 기관구성 개선 방향
- 로컬거버넌스 맥락에서

　외국의 지방정부 기관구성 형태들을 가볍게 일별하는 것을 통해서도 확인할 수 있는 것은 지방정부 기관구성 방식의 다양성입니다. 그것은 지방자치의 다양성을 말하는 것이고 지방정부와 구성방식은 지역이, 지역 공동체가 자율적으로 결정하는 것이고 자율적으로 결정할 수 있다는 것을 보여주는 것입니다. 나아가 최근의 글로벌 추세 자체가 글로벌 경쟁의 확장 속에서 일국 내에서는 그 대응으로 분권혁신이 확산되고 있고 이는 곧 지방자치제도와 그 일부로서 지방정부 기관구성의 다양성과 지역의 자율결정권이 확대되는 흐름이라는 것을 보여주고 있습니다.

가. 현재의 지방정부 기관구성 형태와 문제점

지방자치단체의 기관구성 및 기관의 권한과 책무의 문제는 지방자치단체의 결성과 의사결정 및 집행에 있어 필수적 요소로, 지방자치단체의 기관구성 방식 및 형태에 따라 지방자치단체의 성격과 기능이 달라질 수 있습니다. 우리나라 지방자치단체 기관구성은 공공연히 제왕적 단체장이라고 일컬어질 만큼 집행기관의 위상과 권한이 의회에 비해 압도적으로 우월적인 전형적인 강단체장-의회형의 특징을 갖고 있습니다.

우리나라의 지방자치법은 지방자치단체의 기관구성을 "제5장 지방의회"와 "제6장 집행기관" 항목에서 규정하고 있으며, 지방의회와 동시에 지방자치단체장을 주민의 직접선거로 선출하도록 하여 기관분립형 기관구성방식을 취하고 있습니다. 이와 같은 기관분립형 기관구성방식은 1949년 7월 제정·공포된 지방자치법에서 모든 지방자치단체에 일률적으로 적용하도록 정한 이래로 현재까지 변하지 않고 지속되고 있으며, 다만 최근 2020년 말 전면개정한 지방자치법에 주민투표를 거쳐 기관구성 형태를 선택할 수 있다는 특례조항을 신설한 데 그치고 있습니다.

현행 우리나라 지방자치단체 기관구성 형태 상의 주요한 문제로는 다음 사항들을 지적할 수 있습니다.

① 획일성

　모든 지방자치단체에 획일적으로 기관분립형 기관구성형태를 적용토록 하고 있는 것은 문제라고 할 수 있습니다. 광역자치단체, 기초자치단체, 농촌지역 자치단체, 도시지역 자치단체 등 각각의 자치단체가 처한 사회적 여건 및 행정기능 등의 차이에도 불구하고 획일적으로 분립형 기관구성만을 하도록 하는 것은 각 자치단체의 특성을 제대로 반영하지 못해 지역에서 발생하는 행정 수요에 대한 대응 능력, 행정의 효율성이 떨어지는 문제를 야기할 수 있습니다. 나아가 더 근본적으로 주민들이 지역특성에 부합하는 기관구성 방식을 선택할 수 있어야 '주민참여에 의한 행정'이라는 기본적인 지방자치의 취지와 원칙을 구현하는 것이라 할 수 있습니다.

② 단체장의 권한 비대

　현행 강단체장-의회형 기관구성에서는 지방자치단체장의 권한 비대로 인하여 견제와 균형이 제대로 이루어지지 않음으로써 실로 다양한 문제를 낳고 있습니다. 자치단체장의 인사권 오·남용, 예산 횡령 및 낭비, 뇌물수수 등과 같은 부패 위법 사례가 끊이지 않고 나타나고 있으며, 특히 토착비리의 만연화로 인해 주민들의 불신이 더욱 가중되고 있음에도 자치단체장에 대한 지방의회의 견제장치는 빈약한 상황입니다. 지방자치단체장과 지방의회 다수당이 같은 정당 소속인 경우 이러한 문제점은 더욱 극대화되어 나타나고, 단체장과 지방의회 다수당이 다른 정당 소속인 분점정부라 하더라도 현행 지방자치법 상 지방의회의 권한이 상대적으로 너무 미약하여 상호간 견제를 통한 권력남용 방지는 어려운 상황입니다. 이로 인해 정책을 둘러싼 상호 갈등이 빈번히 나타나고, 이를 해결할 수 있는 법적 장치의 부재로 인하여 두 기관 간의 갈등이 지속되어 행정마비 현상으로 이어지게 됩니다. 민선 5기 오세훈 서울시장이 무상급식 논란으로 사퇴에까지 이른 사례는 이 같은 문제점을 극적으로 부각시킨 장면이라고 하겠습니다.

③ 중앙정부 개입

중앙정부의 과도한 개입의 가능성도 문제입니다. 지방자치법 외에도 지방공무원법, 지방자치단체에 두는 국가공무원의 정원에 관한 법률, 지방자치단체의 행정기구와 정원기준 등에 관한 규정 등 중앙정부가 지방자치단체를 관장하고 규율하는 부분들이 층층으로 두텁게 존재하며, 이와 같은 중앙정부의 획일적 제도와 장치, 정책들로 인하여 지방자치단체의 기관구성 및 운영이 지역실정에 맞게 자율적으로 이루어지지 못하는 걸림돌로 작용하고 있습니다.

나. 지방자치단체 기관형태 개선의 필요성과 방향

지방자치제 부활이후 한 세대의 시간이 지나면서 주민들의 지방자치에 대한 관심과 인식 수준이 높아지고, 정치참여 욕구 및 행동도 차츰 증대해 왔습니다. 이는 자연스레 지방의회와 지방자치단체의 지방정치 및 행정에 대한 기대 수준이 높아지는 것으로 이어지고 있습니다.

이에 비해 지자체와 지방의회 간 정쟁과 정책적 갈등의 반복으로 인한 지방행정의 효율성 및 전문성, 책무성 측면에서 취약성이 지속적으로 지적되고 있습니다. 획일적인 기관분립형 기관구성체제에서 분점정부 상황이 지방정부에서도 나타나면서 두 기관의 충돌 및 갈등 양상은 심각해지고 이로 인해 정책결정 및 집행의 교착상태가 자주 발생하는 등 비효율이 초래되고 있습니다.

그간 전통적인 중앙집권적 관료체제의 연장에서 거의 당연하다시피 여기거나 받아들이고 시행해온 지방정부 기관구성, 즉 획일적인 극강단체장-약의회형 형태에 대해서 다른 관점에서 전면적인 재검토와 변화가 필요합니다. 그 변화의 방향은 물론 분권자치의 흐름을 확대하고, 거버넌스 패러다임을 더 깊고 넓게 확산하는 것과 조응하는 것입니다.

① 다양화 자율화

지방자치제도 및 지방권력구조의 다양화, 자율화 캠페인이 필요합니다. 행정부를 포함하여 지방권력구조와 지방자치단체 기관형태를 지역실정에 맞게 지역 주체들이 선택할 수 있도록 해야 합니다. 지방정부의 기관구성을 다양화함으로써 지역주권의 분권 정책을 가속화하고 주민들의 지방행정 및 기관구성에 대한 구체적인 참여를 통해 주민주권의 자치를 실질적으로 실현하는 길이기도 합니다. 이것은 거버넌스 패러다임에 내재하는 본원적 다원주의에 부합하는 것이기도 합니다.

실제적인 측면에서 지방정부는 기본적으로 지역 주민들의 요구에 대응하면서 지역사회 삶의 수준 향상을 위하여 생산적인 공공서비스를 공급할 책임을 지닌 주체입니다. 지역마다 고유하고 다양한 특성과 상황을 반영할 수 있는 적절한 기관구성을 통하여 지역 내에 존재하는 다양한 이익 및 가치들을 대변하고, 환경변화에 빠르게 대응할 수 있도록 하는 것이 필수적으로 요구됩니다. 따라서 획일적인 기관분립형의 지방정부 기관구성에서 기관통합형 등 지역의 조건과 실정에 따른 다양한 기관구성 방식이 도입되어야 합니다.

지방정부의 기관구성 선택권을 주민들에게 돌려주는 것은 주민주권 행정을 구현한다는 점에서 헌법적으로도 큰 의미를 갖는 것입니다.

② 로컬파트너십 강화

로컬거버넌스를 다원적으로 활성화하고, 경쟁과 협력의 파트너십을 촉진하고 강화하는 방향으로 변화를 위해 힘써야 합니다. 이같은 변화는 제도적인 노력과 아울러 기관들의 정책적인 노력, 그리고 주체들의 인식과 의지, 실천을 통해서도 이루어져야 합니다. 변화를 추구하고 실제로 만들어 내는 주체들의 실험과 실천, 사례의 작성이야말로 화석처럼 굳은 제도의 변화를 촉진하고 견인하고 강제하는 현실적이고 강력한 과정이기도 한 것입니다. 여기서는 다양한 외국 지방자치제도의 사례와 지난 민선 6기 경기도 연정의 경험 등을 참고 및 자산으로 활용할 수 있습니다.

앞서 보았듯이 지방정부의 기관구성 형태는 국가별로 지역별로 매우 다양하게 나타나고 있습니다. 연방정부는 대통령 중심제를 채택하고 있는 미국에서도 지방정부 차원에서는 기관통합형 기관구성방식인 의회-시지배인형이나 위원회형이 전체의 50%를 웃도는 등 세계적으로 기관통합형 혹은 절충형 지방정부 기관구성이 주류 패러다임으로 자리잡고 있는 추세라는 점은 로컬파트너십 강화라는 의제와 관련하여 시사하는 바가 작지 않습니다.

그리고 민선 6기 경기도 연정 실험은 이와 관련하여 매우 귀한 자산이 될 수 있습니다. 소수당 정부를 이끈 남경필 지사가 선도하고 당시 원내 다수야당이던 민주당의원들이 호응하여 이루어낸 경기연정 경험은 거버넌스는 제도 이전에 주체의 문제임을 잘 보여주는 사례이기도 하거니와, 지금과 같은 제도 하에서도 주체들의 인식, 능동적인 해석과 적극적인 의지와 실천으로 지방정부 기관 간, 지방정부 간 – 광역 지방정부와 기초 지방정부 간, 광역 지방정부와 광역 지방정부 간 – 경쟁과 협력의 파트너십 구현을 강화하고 확대하는 기관 운영, 혹은 기관 네트워크가 가능함을 보여주었습니다. 물론 그 결과는 지역 공동체 주체들 그리고 참여 파트너들의 만족도를 높이는 것으로 이어졌습니다.

③ 지방정치행정 혁신

지방정부 기관구성 방식과 형태 변화의 모색과 실험은 로컬거버넌스 시대에 걸맞게 단순히 집행기관과 의결기관, 단체장 및 집행부와 의회와의 관계 형태를 넘어 지방정치행정 일반으로 확대해야 합니다.

즉, 주민주권 원리를 강화하여 지방정치행정에 대한 민주적 통제를 강화하는 방안과 장치를 모색하여야 합니다. 나아가 주민참여를 보다 실질화하고, 민관 파트너십을 강화하며 지역공동체 내 다양한 부문영역들이 대등한 위상에서 공동체 운영에 수평적으로 참여하기 위한 실험과 실천을 확대해야 합니다.

예를 들어 지역사회협약, 주민에 열린 의회, 다기한 공론장 프로그램 등을 실험하고 나아가 제도화하는 노력을 기울여야 합니다. 이런 실험과 노력과정의 축적은 종내 로컬거버넌스의 한 완성태로서 로컬거버넌스 총괄체계를 전망하고 점차 현실의 상을 가능하게 할 것입니다. 즉, 지방정부 기관구성 방식과 형태의 성찰과 모색, 실험은 그 자체로 다층위 거버넌스 활성화와 연관될 뿐 아니라 민주주의 진화의 여건을 마련하고 촉진하는 민주주의 실험의 훌륭한 주제가 될 수 있습니다.

4장

거버넌스 시대 지방정부를 위하여

거버넌스 지방정치론

1
로컬거버넌스의 층위와 차원들

거버넌스형 지방정부 조직과 운영을 모색할 때는 다층다기한 차원과 관계 망이 맞물려 얽히며 작동하거니와, 아래 제시하는 거버넌스의 차원들을 우선 고려하지 않을 수 없습니다. 각 차원에서 제기되는 주요 핵심 이슈들; 운동(캠페인) 차원에서 말하면 유의해서 풀어가야 할 소小아젠다 내지 세부 과제들이라고 할 수도 있는 이슈들을 가볍게 짚어보겠습니다.

가. 로컬거버넌스에 걸리는 차원들

① 민과 관 사이의 거버넌스

민과 관 사이의 거버넌스는 가장 범위가 넓고 또 가장 핵심적이라면 핵심적인 것입니다. 정부와 시민사회 내지 시민사회단체, 정부와 시장 영역 내지 기업, 공공부문과 민간부문, 행정과 행정 이외의 영역, 공직자와 주민 간의 파트너십과 협력관계 등을 아우르는 것입니다

여기서 주로 나서는 이슈들은 이를 테면, '민의 특성 곧, 한국사회 민의 현실은 어떠한가?' '관의 특성 곧, 한국 사회 관의 현실은 어떤 모습인가?' '민과 관의 파트너십에서 걸림돌은?' '민과 관이 파트너십을 형성, 발휘하는데서 현실적인 리스크와 그 요소는 어떤 것들이 있는가?' '이른바 민·민 거버넌스의 현실은? 이 현실은 민관 거버넌스 안에 어떻게 아우를 것인가?' 같은 것들입니다.

② 관과 관 사이의 거버넌스

이 차원은 속을 들여다보면 또 몇 갈래 다른 결이 있습니다. 즉, 서로 다른 혹은 유관한 정책 및 사업 부서 간의 거버넌스, 일반행정과 경찰, 감사 같은 이를테면 특별/특수행정 간의 거버넌스, 공공기관과 준공공기관 간의 거버넌스 등이 있습니다.

여기서 문제가 되는 이슈들은 이를 테면, '지방행정의 조건, 그리고 그를 규율하는 원리와 규정들은 어떠한가?' '현실에서 그 원리와 규정들이 작동하는 실제의 모습과 상태는 어떠한가?' '지방공직문화, 공

무원문화와 행태의 한국적 특징, 특색과 그 환경 조건은 무엇인가?' 같은 것들입니다.

③ 지방정부와 지방의회 사이의 거버넌스

우리 사회 인식의 특성 내지 관성 가운데는 지방의 공공부문을 바라보고 떠올릴 때 대개 지방정부 중심의 사고나 접근 경향이 뚜렷합니다. 그러나 지방정부(행정부)와 지방의회는 구분해야 하고, 양자 간의 거버넌스도 매우 중요합니다. 특별히 한국의 로컬거버넌스에서 '의회'의 위상과 의미는 현실적으로 매우 미묘한 지점이 있습니다.

이 층위는 사실 로컬거버넌스에 걸리는 차원들 가운데 그 중 간단치 않고 경우에 따라서는 예민한 층위입니다. 이 차원에서 이슈가 되는 것은 이를 테면 '지방정부와 지방의회의 구성에서 권한과 책무는 어떻게 배분되는가?' '지방정부와 지방의회의 상호 관계의 현실, 관행은 어떠한가?' '지방의회 운영의 현실적 모습, 상황은 어떠한가?, 지방의회와 지방의원의 행동에 영향을 미치는 외적 요인들은 어떠한가?' '지방의회의 구성은 어떠한가?' '지방의회, 그리고 지방의원들은 지역주민들의, 지역의 다양한 부문영역 주체그룹들의 대의체, 대의자 역할을 충실하게 하고 있는가? 현실적으로 그것이 어느 정도나 가능한가?' 같은 만만찮은 이슈들입니다.

④ 정부 간 거버넌스 - 중앙정부와 지방정부, 광역정부와 기초정부, 이웃 지방정부 사이의 거버넌스

우리나라처럼 제도측면에서나 대중의 인식측면에서 국가=정부=중앙정부로 집중되는 현실에서 중앙정부(행정부와 국회 포함)와 지방정부 간 거버넌스는 로컬거버넌스에서 실제로 매우 큰 규정력 내지 기속력을 갖고 있습니다. 예를 들어, 지방정부 공직자들이 내부 감사와 의회 감사에 더하여, 감사원 감사, 중앙행정기관 감사, 국회 감사까지 받는 현실에서는 거버넌스 활성화의 바탕이자 거버넌스 문화의 구성 요소에서도 으뜸가는 '자율과 책임'의 원칙은 심각하게 위축될 수밖에 없습니다.

또한 30년간 결론 없이 논의만 무성한 행정체계개편 작업이 잘 보여주듯이 광역정부와 기초정부 간 관계와 그 향배 문제, 그리고 최근 활발한 메가시티 논의에서 구체적으로 잘 드러나듯이 특히 가시화하는 지역소멸 위기 속에서 이웃한 지방정부 간의 거버넌스 문제는 갈수록 부각될 것입니다.

이 차원에서 걸리는 이슈들은 좀 포괄적으로 말하자면, '중앙정부와 지방정부 및 정부 간 층위에 대한 국민들, 주민들의 인식은 어떤가?' '중앙정부와 지방정부, 지방정부 간 관계에 관한 규정들과 작동 현실은 어떠한가?' '각급 정부 운영의 현실적 조건은 어떠한가?' 같은 것들입니다.

⑤ 로컬거버넌스 촉진·지원 조직

거버넌스 촉진 자체를 자기 임무와 역할로 하는 기관, 중간지원조직을 포함하여 지방정부의 거버넌스 촉진·지원 조직의 거버넌스도 상당히 중요합니다. 거버넌스를 촉진하는 조직이나 담당자를 둔다고 반드시 거버넌스가 절로 활성화하는 것은 아닙니다. 그 기구 내지 조직 안팎의 거버넌스 자체도 이슈가 됩니다.

여기서 나서는 주요 이슈들은 이를 테면 '로컬거버넌스 촉진·지원 조직의 현실 조건과 실태는 어떠한가?' '거버넌스 촉진·지원 조직 성공의 요건은 무엇인가?' '거버넌스 촉진·지원 조직의 자원의 문제는 어떠하며, 어떻게 보고, 어떻게 풀어갈 것인가?' '거버넌스 촉진·지원 조직 운영의 바람직한 방향은 무엇인가?' 같은 것들로, 로컬거버넌스 현장에서 매우 까다롭고 실제적인, 조심스럽고 슬기롭게 잘 다루어야 할 이슈들이 다양하게 존재합니다.

⑥ 지역의 거버넌스 총괄기구

로컬거버넌스가 일정 수준 이상에 이르게 되면, 거버넌스를 더 높은 수준으로 진전시키고, 나아가 현재의 정치 체제에서 거버넌스 패러다임을 최고 수준으로 구현하기 위해 로컬거버넌스 차원에서 지역의 거버넌스 총괄기구 구성으로 이어져야 합니다. 우리는 예시로서 국가거버넌스 수준에서의 거버넌스 총괄기구로 제안하는 '사회조정위원회'에 대응하여 로컬거버넌스 수준에서는 '지역조정위원회' 기구를 제안합니다. 이는 물론, 지방정부 부서 조직의 일종이거나 산하 조직인 거버넌스 촉진·지원 조직과는 차원이 다른, 다른 위상, 다른 성격의 기구로, 말하자면 제 3의 기구입니다.

 이 차원은 우리 사회에서는 아직 미답의 차원입니다. 따라서 여기서는 정치·행정의 철학적·조직이론적 함의를 갖는 이슈에서부터 실제 구성과 운영에 이르기까지 예기되는 선제적 이슈들, 이를 테면 '지역의 거버넌스 총괄기구 구성과 운영의 정당성과 타당성 근거를 뒷받침할 철학적·이론적 그리고 법리적 핵심 이슈 지점은 무엇인가?' '그것을 우리는 어떻게 해석하고 해명할 것인가?' '기구의 설계는 어떻게 할 것인가?' '기구의 설치와 운영을 위한 접근경로와 전략은 어떻게 세울 것인가?' 같은, 다양하고 중층적인 스펙트럼의 이슈들이 제기되는 것입니다.

⑦ 로컬거버넌스 점검체계

 거버넌스 점검체계를 잘 꾸리는 것도 로컬거버넌스의 차원들 가운데서 많이 중요합니다. 이것은 행정을 체크하기 위한 전통적인 감사체계와는 다른 새로운 창의성이 요구됩니다. 즉, 여하히 거버넌스 주체들의 자율적이고 창의적인 사업활동을 가능하게 환경을 개선하고, 역량을 강화하며, 성숙을 지원할 것인가, 그리고 그에 발맞춰 어떻게 거버넌스체계를 조금씩 더 심화할 것인가에 초점이 맞추어지는 것입니다.

  이 차원에서 나서는 이슈들은 이를테면, '거버넌스 점검의 원리와 키포인트는 무엇으로 할 것인가?' '거버넌스 점검체계는 어떻게 설계할 것인가?' '거버넌스 점검체계의 성공적인 운영의 요체와 방향은 무엇인가?' 같은 것들입니다.

나. 패러다임 운동

  사람들이 한 마디로 로컬거버넌스의 문제, 로컬거버넌스의 과제를 이야기하지만, 그것은 한 마디로 이야기하거나, 한 결로 읽어 내거나, 한 칼로 자르거나, 한 번에 풀 수 없습니다. 왜냐? 위에서 간단히 짚은 것으로도 알 수 있듯이 로컬거버넌스는 결코 일개 지방정부에만 걸리는 문제가 아니기 때문입니다. '로컬' 거버넌스라고 해서 단순히 한 지역 내에서의 민과 관의 협력 또는 행정과 민간의 파트너십을 어떻게 잘 할 것인가가 다가 아니라는 이야기입니다. 언뜻만 생각해도 오늘날 같은 글로벌시대, 글로컬시대에는 글로벌 차원의 이슈, 글로벌 파트너십을 고려치 않을 수 없고, 사실은 민·민 거버넌스의 문제도 지방정부의 거버넌스 현장에서 결코 간단치 않은 이슈입니다.

요컨대, 거버넌스형 지방정부 조직과 운영 시스템을 모색할 때는 여러 층위에서 맞닥뜨리는 복합적인 쟁점과 과제들을 감안하고 헤아려야 한다는 것입니다. 앞서 거버넌스 구조는 복합조직의 성격을 띤다고도 했지만 거버넌스는 과정의 패러다임이자 부단한 운동인 까닭을 여기서도 발견할 수 있습니다. 주제가 복합적이고 관련이슈 구조들이 복잡할수록 원리와 요체를 잘 헤아리고 잘 잡아가는 일이 중요하고 주효할 것입니다.

2

거버넌스형 지방정부 운영의 준거원리와 요체

 온전한 거버넌스형 지방정부를 구현하기 위해서는 거버넌스형 지방정부 조직과 운영[22]의 준거원리와 그 요체를 세우고 탐색하는 작업이 긴요합니다. 그리고 그에 기초하여 로컬거버넌스 추진의 일반적인 원칙과 과제들을 제시하는 것이 순서일 것입니다. 여기서 '탐색'이라 한 것은 '시론'으로 고쳐 읽어도 좋겠습니다.

 거버넌스형 지방정부 조직운용의 준거원리라 함은 거버넌스 패러다임에 기반하여 지방정부를 조직하고 운용하기 위한, 그 운영을 기초 지을 수 있는 정당성·타당성의 근거와 지향, 규준이나 지남指南 같은 것을 이르는 것입니다. 그리고 운영의 요체라 한 것은 거버넌스 패러다임 아래서 자원(인적, 물적, 제도적)을 투입하거나 운용할 때, 또는 정책 의사결정을 하고 사업을 실행할 때 놓치지 않고 쥐고 가야 할 포인트 같은 것을 이르는 것입니다. 달리 말하면, 로컬거버넌스를 구현하기 위해서, 심화하기 위해서 지방 정부가 할 수 있는 일들, 즉 필요한 제도개선, 정책적 지원, 사업수행 혹은 정치환경의 조성 등에서 무엇을 중심에 놓고, 무엇에 주안하여 풀어갈 것인가 하는 주제입니다.

물론 그 원리와 요체라고 우리가 제시하는 것도 하나의 제안입니다. 다른 제안도 얼마든지 있을 수 있습니다. 세상에! 사회영역 혹은 사회과학과 연관한 영역에서 정답을 구하다니!! 거버넌스는 잠시 멈칫 할 수 있을지언정 결코 거스르고 되돌릴 수는 없는 시대의 흐름입니다. 일부 불편함이나 저항도 나타날 수 있는 현상이겠으나, 지혜롭게 여유를 가지고 조정을 통해 이를 완화, 해결해 나가는 것 또한 거버넌스스럽다, 해도 좋겠습니다.

가. 거버넌스형 지방정부 조직·운용의 준거원리

① 주권재민의 원리

첫번째 준거원리로는 역시 주권재민의 원리를 내세워야 하겠습니다. 주권재민의 원리는 근대, 현대 민주주의의 으뜸가는 핵심 원리입니다.

그런데, 의회제도를 중심으로 한 대의민주주의 제도가 사회구성이 고도로 다원화하고 그에 상응하여 분야마다 영역마다 지극히 전문화가 진전된 오늘날 현실에서 이 주권재민의 원리에 충실한가, 나아가 충실할 수 있는가에 대해서는 이미 숱하게 많은 지적과 논쟁이 있어왔습니다. 요컨대 대의하는 대표성의 내용 문제, 그와도 연동되는 대의적 의사결정의 내용적 충실성, 효율성 문제, 나아가 이른바 '대리인의 문제' 등까지. 그럼에도 불구하고 역설적으로 그 사회구성의 다원성 때문에도 역시 공동체 전체에 관련한 의사의 결정과 집행 시스템으로서 대의제는 현재까지 검증된 다른 어떤 체제보다 안정적인 공동체운영체제인 것도 현실입니다.

이에 우리는 거버넌스를 주권재민의 원리에 기반한 현대 민주주의 충실화의 극極까지 가는 길로서 주창할 수 있습니다. 그 중에서도 로컬거버넌스는 공동체 구성원의 실생활에 밀착한 영역과 단위에서의 거버넌스이기에 특히 행정의 집행체계 즉, 정책결정을 넘어 사업수행의 차원에 닿아 있기에 주권재민의 원리를 주민 일상에서 더욱 충실히 구현하는 길입니다.

② 향상의 원리

우리는 주권재민의 원리에 더하여, '향상向上의 원리'를 제시합니다.

이는 민주주의 진화의 근거이자 동시에 민주주의 지향·목표가 되는 원리로, 말하자면 거버넌스민주주의의 핵심 원리라고 하겠습니다.

이 원리는 민주주의와 관련하여, 그리고 민주주의를 실천·구현하는 주체들, 공동체 구성원들과 관련하여 현실이나 현상을 궁극적인 것으로 고정된 것으로 이해하거나 전제하지 않는 것, 다시 말해서 그와 같은 이해와 전제에 갇히지 않는 것을 말합니다. 더 적극적으로 말해서 민주주의의 심화·진화, 주체들의 변화와 공동체 구성원들의 성숙 가능성을 신뢰하고, 또 그것을 의식적으로 지향하는 원리라고 할 수 있습니다.

③ 생산성의 원리

모름지기 현대 사회에서 사업을 수행하는 데서는 공공영역, 민간영역을 막론하고 생산성의 원리를 주요하게 고려하지 않을 수 없습니다.

현대 사회는 산업구성도 1차, 2차, 3차 산업의 분류가 무색한 멀티융복합 산업의 시대이고, 공동체 내 자원의 성격이나 소재도 다층위로 존재하고, 한편 사회서비스의 수요측면을 봐도 수요가 새로운 수요를 승수적으로 창출하는 형국입니다. 현대는 근대와도 다른 멀티다원화의 시대입니다. 이 새로운 시대에는 이른바 전통관료제의 황금칙을 넘어서는 새로운 효율성방정식이 요청되고, 새로운 차원, 복합 차원의 생산성을 창출해야 합니다. 비유적으로 설명한다면, 이전 시대 행정의 효율성방정식이 '적정 투입에 최대 산출'이라면, 거버넌스 행정의 새로운 방정식은 '최대 투입에 극대 산출'이라 하겠습니다.[23]

④ 다원성의 원리

우리 시대는 멀티다원성의 시대입니다. 사회구성도 고도로 다원화하고, 산업구조도 다원화하고, 사회가치와 규범도 다원화하고, 사회조직의 내용과 형태와 원리들도 다원화합니다. 한 공동체의 인구적 재생산의 기초인 가족제도와 그 양태조차도 다원화를 피할 수 없습니다.

다원성의 원리는 말할 것도 없이 근거적 원리 중의 하나라고 할 만큼 또한 거버넌스의 주요 원리입니다. 여기서 다원성은 현실에 존재하는 객관적 사실일 뿐만 아니라, 거버넌스를 통해 지향하고자 하는 가치로서의 다원성이기도 합니다. 거버넌스 원리의 하나로서의 다원성은 목적이면서 동시에 수단적인 가치로서의 다원성입니다. 그리고 거버넌스의 규범적 원리로서의 다양성의 원리뿐만 아니라 거버넌스의 내용과 형태의 다양성도 포괄하는 것이라고 할 수 있습니다.

⑤ 균형과 전이와 확장의 원리[24]

거버넌스 수행을 밑받침하는 거버넌스 문화의 요소원리는 자율과 책임, 참여와 합의, 실천과 협력, 조정과 통합 등입니다. 그 중에 으뜸 되는 기반은 자율과 책임입니다. 자율과 책임의 원리를 관철케 하는 데서는 무엇보다도 책임과 권한을 동전의 앞뒤 면으로 인식하는 것이 주효합니다.

거버넌스가 가능하게 하기 위해서는, 그리고 거버넌스를 활성화하기 위해서는 한 개인, 한 부문, 한 영역이 갖고 있는 권한과 책임을 주위로, 주변으로 이전·전파하도록 해야 합니다. 특정한 부문 영역에 집중된 권한은 물론이고 고유한 권한 또한 전이할 수 있어야 하고 전이해야 할 것입니다. 그리하여 책임과 권한을, 권한과 책임을 나누는 주체를 확장해야 합니다. 이 과정 없이 민주주의 덕목으로서, 혹은 민주시민의 윤리로서 책임과 참여 등을 강조하는 것은 결국 구두선에 그치고 말기 십상입니다.

⑥ 수평적 네트워크와 시너지의 원리

거버넌스는 네트워크입니다. 그리고 네트워크의 확산은 원리상으로는 무한히 가능합니다. 즉, 네트워크는 무한 승수효과적이라서 새로운 공간, 새로운 영역, 새로운 차원의 무한 창출을 가능하게 합니다.

따라서 논리적으로는 거버넌스를 통한 시너지로 소위 레드오션 시대에 공공, 민간을 막론하고 새로운 블루오션을 무한히 창출하는 것이 가능합니다. 공공 간의 네트워크, 민간 간의 네트워크, 그리고 공공과 민간 간의 네트워크, 멀티 네트워크를 통해 이전에 없던 혹은 불가능했던 것을 창출할 수 있습니다. 눈앞에 현실로 전개되는 이른바 4차 산업혁명 역시 네트워크 혁명 = 초연결 혁명의 기반 위에서 이루어지고 있습니다.

⑦ 다층위, 다면 방사放射와 일관성의 원리

사회 파트너십은 역시 비유로서 말하면, 좌우만이 아니라 상하·전후 등 다방면 전방위로 작동되어야 합니다. 무슨 말인가? 앞에서 말한 거버넌스의 층위와 차원들이 여기에 해당하는 것입니다. 물론 그것만이 아니라 좀 더 미시적으로 거버넌스를 수행하는 개별 국면들에서도 걸리는 원리입니다. 네트워크 원리와 조응하는 원리이기도 합니다. 네트워크는 일방향이 아니고 원리적으로 방사형입니다.

그런데, 다층위 다방면의 파트너십이 온전히 작동하려면 층위와 방면의 차이들에도 불구하고 반드시 파트너십 원리의 일관성이 견지되어야 합니다. 실제에서는 우리의 인식과 행동의 관습과 관성 상 간단치만은 않습니다. 따라서 이 원리의 관철을 위해서는 부단한 성찰이 주효하고, 특별히 '내적인 수평적 협력'의 관점과 관성의 체화가 요청됩니다.

⑧ 창의혁신성의 원리

거버넌스는 '원래 그렇다' '원래 그래서…'와는 친화하지 않습니다. '규정이 그렇다' '사람이 그렇다' '재정이 그렇다' 하는 식의 관성을 톡- 넘어서야 합니다. 거버넌스는 기존의 틀, 전통적인 경계를 깨고 벗어나 전환적 상상력과 창조적 협력으로 새로운 길을 내는 자세와 관점과 방식으로 일을 하는 것입니다.

관점의 변화로부터 일하는 방식, 관계 방식의 변화로 이어지고, 방식의 변화와 그 축적으로부터 기존의 경계를 흔들고 밀어내는 과정이 거버넌스의 확장 사이클입니다.

⑨ 경계 진화의 원리

마지막으로 경계 진화의 원리를 들고자 합니다. 이는 창의혁신성의 원리의 자연스런 연장이기도 합니다.

요컨대, 기존의 경계를 더 멀리 더 넓게 확장하고, 그 반복을 통해 마침내 새로운 경계를 짓는 것, 그것이 거버넌스민주주의의 정치적 함의입니다. 그래서 거버넌스는 더 많은 민주주의, 더 넓은 민주주의, 더 깊고 더 높은 민주주의로, 민주주의의 심화에서 진화로 확장되지 않을 수 없는 것입니다.

나. 거버넌스형 지방정부 운영의 요체

① 공무원의 향상

거버넌스형 정부 운영에서 으뜸가는 요체로는 주체의 향상을 들어야 합니다.

대한민국의 거버넌스 주요 주체 그룹들은 과연 멀쩡한가? 일상에서 습관처럼 오가는 평판을 들여다보면 어떤가? 공무원은 다 죽일 놈들이고, 기업은 나쁜 놈들이고, 시민단체 인간은 한심한 자들 아닌가? 거버넌스형 정부 운영의 첫째가는 요체는 바로 주체의 향상입니다. 거버넌스는 제도 없이도 가능하지만 주체의 변화 없이는 불가능하기 때문입니다. 거버넌스형 주체의 등장, 주체의 관점과 일하는 방식의 변화 없이 거버넌스는 요원합니다.[25]

공직문화의 변화, 공무원의 일하는 방식의 변화, 거버넌스의 첫째가는 주체로의 공구원의 향상은 로컬거버넌스의 발전에서 핵심적인 지위를 갖는 이슈입니다. 즉, 공무원이 자율성과 책임성을 갖고 창의적이고 혁신적으로 거버넌스 행정을 구사할 때 로컬거버넌스는 활성화하고 심화할 수 있습니다. 공직 일반, 공무원 일반이 거버넌스 주체로서 나설 수 있도록 하기 위해서는, 거꾸로 그를 가로막는 현실적 환경, 제약 조건을 과감히 변경해야 합니다. 그런 작업 없이 교육만을 통해서, 혹은 공무원 개인의 수월성을 기대하거나 책무성을 강조하는 것만을 통하여서는 로컬거버넌스의 진전은 더디고 더디기만 할 것입니다. 장기적으로 문화와 관성, 제도와 구조의 거버넌스적 전환을 향한, 공직사회의 재설계 수준까지 전망하는 작업이 반드시 이루어져야합니다. 다만, 이 작업은 당위로서 떠든다고 될 일이 아니며 온전히 성취되는 것은, 선제적으로 공직사회 안으로부터의 진지하고 개방적인 공론작업과 함께 사회발전단계도약 차원에서의 새로운 국가사회공동체 운영방식에 대한 전체사회의 합의라는 줄탁동기가 성립할 때 비로소 가능할 것입니다.

첫째로, 감사의 개념을 재구성해야 합니다.

사회적 자원과 권위를 공직 부문이 압도적으로 독(과)점하다시피 하던 시기에 유효했던, '적발과 처벌'을 축으로 하는 감사 개념은 이제 시효가 다했습니다. 아니 다한 정도가 아니라 공직 부문의 거버넌스 주체로의 진출과 향상에 첫째둘째 가는 걸림돌이 되고 있습니다. 다원화한 시대, 민간 부문과의 관계에서 협력과 경쟁이 동시 병행하는 행정환경에 놓인 오늘날 감사는 '발굴과 포상'을 중심에 두고 '적발과 처벌'과 '격려와 지지'를 날개로 구성해야 할 것입니다. 그렇지 않으면 아무리 공무원 거버넌스 교육, 연수를 열심히 한다 해도 8할 이상은 '도로 공무원', '역시나 공무원'이 될 것입니다.

둘째로, 공직채용방식을 중심으로 인사제도의 개선, 혁신, 재구조화가 필요합니다.

객관적 공정성과 동의의 확보를 공직채용 업무에서 첫 손 꼽는 기준, 가치로 설정한 것 역시 지난 시기에 - 공무원의 직무가 비교적 단순했고, 그에 반해 공직이 누리는 포괄적 권한, 지위는 압도적으로 우위에 있었던 시절 - 순기능이 컸다고 하겠습니다. 그러나 이제는 공직, 행정을 둘러싼 환경, 공직에 요구되는 역할, 행정의 역량이 달라졌습니다. 따라서 시대환경의 변화에 발맞춰 채용방식을 점차적으로 다원화하고 권한, 대우, 보상의 설계를 다양화하는 것을 포함하여 인사 제도 전반을 거버넌스 시대에 걸맞게 변경해 가야 합니다.

셋째로, 직급, 직책 중심에서 직무 중심으로 공직구조 전반을 재설계해야 합니다. 앞서 지적한 감사 개념의 재구성, 인사제도의 혁신도 바로 이 이슈에 닿아 있습니다.

따라서 기회 닿을 때 마다 가능한 최대 범위에서 공직 관련 법제도의 변경과 구조 재설계를 추진해가야 합니다. 그리고 이처럼 재설계를 궁극 방향으로 놓되, 동시에 현실의 공직제도와 구조체계 안에서라도 가능한 방식과 수준에서 당장에라도 운영의 묘, 해석과 준용을 통해 변화를 주어야 합니다. 예를 들어 거버넌스 사업 수행은 파트너 간의 신뢰의 형성, 축적을 전제이자 결과로서 요구합니다. 그렇다면 거버넌스가 절대적인 직무 분야는 당장 순환보직의 예외로 운용해야 하는 것입니다.

② 행정운영의 향상

로컬거버넌스 패러다임으로 지방정부를 운영하는 데서 주체의 향상 다음으로 역점을 두어야 하는 것으로 거의 당연하게 행정운영의 향상을 꼽지 않을 수 없습니다. 여기서 다시 몇 가지 포인트를 짚을 수 있습니다.

첫째, 자율과 책임을 확대하고 아울러 개방과 공유를 확대해 가야 합니다.

가능한 범위에서, 가능한 방식으로 행정 담당자, 즉 거버넌스 업무 담당자들의 자율과 책임을 확대하고 보장해야 합니다. 앞서 공직, 공무원의 향상과 조건강화와 관련해서 몇 가지를 지적하였습니다만, 지방정부 책임자가 우선 자신의 권한과 권능 범위 안에서부터 담당자의 자율과 책임을 확대하기 위한 제반 조치를 취해야 합니다. 이를 선행조건으로 개방과 공유를 확대해야 합니다. 행정행위의 내용면에서는 개방과 공유의 확대가 거버넌스 행정의 발전과 활성화에 더욱 직접적이고 중요한 것은 물론입니다.

둘째, 행정의 역할성격의 변화입니다. 즉, 거버넌스 업무를 수행하는 공직자의 역할성격이 전통적인 관료행정에서는 (정책)기획자, (공공사업)집행자였다면, 거버넌스 시대에 이른 오늘날에는 거버넌스 코디네이터, 거버넌스 퍼실리테이터로 역할모델을 보완조정 해갈 때 업무와 사업의 생산성을 크게 향상시킬 수 있습니다.

셋째, 나아가 지방행정, 공직은 지역의 집단적 비전의 담지자로 위상을 제고해야 하고, 특히 지방행정의 고위리더는 끊임없는 비전제시자로서 역량향상과 역할제고에 힘써야 합니다.

③ 지방의회 혁신과 향상

현실에서 로컬거버넌스의 구현에서 가장 독특한 위상과 위치를 점하는 기관, 영역은 지방의회일 수 있습니다. 지방의회가 거버넌스 패러다임을 잘 수용하여 적응하면서 자신의 위상과 역할을 잘 설정하고 수행하면 로컬거버넌스의 발전, 심화에 큰 주력 부대가 될 수 있거니와, 자칫 로컬거버넌스가 자신의 위상과 역할을 침해하는 것으로 오해한다면 로컬거버넌스는 피곤해지고 소모적인 겉돌기를 반복할 수도 있습니다.

거버넌스 패러다임에서 의회는 독점적인 의사결정 권한을 행사하는 왜곡된 대의·대표자이기보다, 대의제의 본원적 의미에서 바람직한 현대적 대의자의 제자리를 찾아가는 것입니다, 실제에서 특히 로컬거버넌스에서는 다양한 의제를 다루는 공동체 회의의 사회자, 거버넌스 코디네이터, 거버넌스 퍼실리테이터의 역할을 잘 수행하는 것이 매우 중요하게 됩니다. 이는 물론 의회혁신의 문제이기도 합니다.

더 적극적으로 의회의 향상의 길을 이야기한다면, 의회야말로 공동체 운영에서 더욱 더 진취적으로 - 정치적 스펙트럼에서 좌와 우의 문제와는 별개로 - 새로운 패러다임의 수용자, 정착·확산자의 역할을 수행하는 것입니다.

④ 정부 간 파트너십 강화

정부 간 파트너십을 다방면, 다층위로 강화해야 합니다.

여기서는 무엇보다 정부 간, 공공영역 간 관계를 전통적인 상·하급, 감독-피감 관계로 보는 인식에서 벗어나, 서로 다른 범위, 업무역할, 운영원리 상의 차이를 갖는 파트너로 이해하는 것이 매우 중요합니다. 거버넌스는 네트워크, 그것도 내재적으로 수평적인 네트워크입니다.

그와 같은 인식관점의 기초 위에서 다양한 정부 부문 간 진정한 소통과 수평적 연대와 협력을 실현하는 것이 실제 로컬거버넌스 구현의 정치환경적 측면에서 매우 중요합니다. 현실의 로컬거버넌스, 지방정부 거버넌스에서는 정부 간 파트너십이 원활하게 작동되는 것이 민관 거버넌스의 활성화, 심화에도 큰 영향을 미칩니다.

⑤ '책임질 권한'의 확대

미래는 현실에서 출발하고 현실 안에서 미래를 형성하고 창출해 가는 것입니다. 현실의 정치체계, 현실의 정부체계, 행정체계 내에서 로컬거버넌스 패러다임을 잘 적용, 운영, 그리고 심화하는 데서 가장 중요한 전략적 포인트는, 현재 체제의 논리 안에서는 잘 보이지 않는, 혹은 개념 자체가 없는, '정부 이외 부문영역이 전체 공동체에 대해 책임질 권한'을 어떻게 형성하고 확보해 내고 진전시키는가 하는 것입니다. 이는 현재와 같은 대의제 패러다임 안에서 미래 패러다임으로서의 거버넌스 패러다임, 거버넌스 문화의 중요한 원리인 '참여와 합의'를 위한 실체적 기반을 확보하는 문제입니다.

이것은, '현실 정치환경에서 어떻게 제도정치 바깥의 (낯선)공동체 정치의 정당성을 확보·확대할 수 있는가'의 문제입니다. 이는 결국 어떻게 민간 부문에, 하위 영역에 권한과 책임을 잘 이전하는가 하는 문제이고, 내용적으로 정치력을 잘 발휘하는 문제이고, 궁극적으로는 민주주의(철학)의 진화의 문제로 이어지는 것입니다.[26] 즉, 이 이슈는 민주주의 진화 맥락에서 거버넌스 패러다임으로 국가사회공동체 운영의 패러다임을 이동하는 차원에서 '제도정치의 축소와 공동체정치의 확대'를 작 적용하고 응용하는 문제에 닿습니다

⑥ 거버넌스 문화 정착

거버넌스를 구현한다는 관심에서 지방정부 운용의 방향은 곧 거버넌스 문화를 형성, 발전시키고 정착시키는 것을 지향해야 할 것입니다. 로컬거버넌스를 지향하는 지방정부는 그 운용의 모든 국면에서 '자율과 책임' '참여와 합의' '실천과 협력' '조정과 통합'의 거버넌스 문화를 북돋고 강화하는데 주의와 의식적인 노력을 기울여야 합니다.

3

지방정부의 거버넌스 추진 원칙과 과제

가. 로컬거버넌스 추진원칙

 위에서 제시한 거버넌스형 지방정부 조직운용의 준거원리 및 기본 운영방향과 그에 따른 로컬거버넌스의 실제 추진은 또 다른 영역이요 차원의 문제입니다. 무엇보다 로컬거버넌스는 이론의 문제가 아니라 현실의 문제, 현실을 더 낫게 바꾸는 문제, 때로는 혹은 자주 목숨을 걸고 현실을 살아가는 치열한 사람들의 변화와 향상의 문제입니다. 그래서 우리는 진리는, 특히 인간 사회에 관한 진리는 말해지는 것이 아니라 현실을 변화시키는 것이라고까지 하겠습니다. 사회

분석 이론은 현실의 사람들이 뜻과 마음과 구체적 실천, 실행으로 변화시킨 현실을 잘 설명하거나 뜻한 바대로 잘 나아가는데 도움을 주는 것입니다. 거꾸로 이론이 현실과 현실의 사람들과 사람들의 실천을 규율하거나 규제하는 것, 즉 현실이 그에 맞춰 짜맞춰져야 한다는 것은, 물론 현실에서 선의로든 무지로든 때로는 악의로든 그리 이야기하는 경우를 종종 혹은 자주 보고 듣습니다만, 저으기 황당하고 무력한 이야기입니다.

여기서는 앞서의 준거원리와 기본 운영방향을 잘 살려서 각 지역과 지역 사람들의 실정을 기초로 지역 현실에서 로컬거버넌스를 추진하는 데서 일반적으로 참조함직한 추진원칙과 과제들을 예시로서 제시하는 것으로 하겠습니다.

먼저 로컬거버넌스 추진원칙으로는 통합적 추진, 주체중심의 추진, 지속적인 추진이라는 세 가지 원칙을 제안하고, 이 원칙을 담아내며 추진할 과제로 7가지를 제안하고자 합니다. 추진 과제를 실현하기 위한 구체적이고 실제적인 실행방안들을 경우에 따라서는 아주 세세하게 제시할 수도 있겠습니다만, 이렇게 되면 지나친 일반화의 위험이 있기에 이 글에서는 실행방안에 대해서는 의제 수준, 즉 꼭지 정도만 가볍게 제시하는 것으로 하겠습니다.

① 통합적 추진

로컬거버넌스의 리더들에게 가장 중요한 것이 '전략 마인드'라고 할 수 있습니다. 거버넌스는 패러다임 이동이고, 즉 전통적인 인식과 행동, 관행과 습관을 넘어서는 변화와 혁신입니다.

지방정부 차원에서 로컬거버넌스를 성공적으로 구현하기 위해서는 무엇보다 통합적 관점과 접근을 확고히 하는 것이 중요합니다. 거버넌스 추진의 전략적 마인드를 전제로, 로컬거버넌스에 대한 종합적이고 체계적인 접근이 필요합니다. 거버넌스는 하나의 사업이거나 특정 업무영역, 특히 많이들 유사한 것으로 여기기도 하는 민원업무 분야의 문제가 아니라 시대사회 환경변화에 따른 필수적인 행정패러다임 변화의 문제입니다. 로컬거버넌스의 제대로 된 실현을 위해서는 지방행정 전반에 걸쳐 종합적이고 체계적인 접근이 무엇보다도 요구됩니다.

통합적 추진 원칙에 따른 추진과제로 '거버넌스 비전에 대한 지역사회의 인식 공유' '거버넌스 도·시(군·구)정 사업의 통합적 관리' 두 가지를 제시하겠습니다.

② 주체중심의 추진

거버넌스는 앞서도 강조하고 또 강조했듯이 무엇보다 사람의 문제입니다. 주체가 파트너를 대하는 관점과 일하는 방식의 문제입니다.

거버넌스 자체가 주체의 성숙, 나아가 궁극적으로 공동체 구성원들의 다양한 삶의 양식의 연대를 추구하는 것으로, 실제 경험으로도 거버넌스 성공의 관건은 주체역량의 문제입니다.

따라서 거버넌스 추진과정의 시작부터 끝까지 사람, 주체를 중심에 두고 접근해야 합니다. 아울러 거버넌스 제도를 넘어서 '거버넌스 문화' 정착에 의식적으로 행정역량을 기울여 지역의 거버넌스 잠재력과 성숙도를 한 단계 도약시키도록 하는 것이 매우 주효합니다.

주체중심의 추진 원칙에 따른 추진과제로는 '거버넌스 주체역량 강화' '거버넌스 소통과 논의의 활성화와 거버넌스 문화 확산' 두 가지를 제시하고자 합니다.

③ 지속적인 추진

거버넌스는 패러다임 이동이고, 과정적 패러다임이기도 합니다. '과정적'이라 하는 것은 과정을 중시한다는 의미와 아울러 정착에 시간이 걸린다는 의미이기도 합니다.

따라서 거버넌스 추진에서는 초기 의욕과 맹렬성 이상으로 지속성을 담보하는 것 즉, 지속 발전의 전망을 확보해 가는 데에 전략적 관심을 기울여야 합니다. 다수의 지자체들이 거버넌스 행정을 주창하여 협치도정, 협치시정 등을 표방하였지만, 여전히 정착했다기보다는 실험중이라고 할 수 있고, 일부에서는 스스로 협치 표방을 거두어들이는 경우도 있습니다. 통합적 추진과 주체중심 추진의 원칙도 결국 지속성을 담보하기 위한 것이라고 할 수 있겠습니다만, 로컬거버넌스의 지속적인 추진과 발전을 담보하기 위한 장치를 적극적으로 마련해 갈 필요가 있습니다.

지속적인 추진 원칙에 따른 추진과제로는 '거버넌스 발전기구 설치와 단계적 고도화' '거버넌스 제도역량 확보' '시민주도의 거버넌스 고도화 추진' 세 가지를 제시하고자 합니다.

나. 로컬거버넌스 추진 상의 과제들

① 로컬거버넌스 비전에 대한 지역사회의 인식 공유

거버넌스는 공동의 지역비전 창출과 지역 내 전체 자원의 효율적 관리를 가능하게 하는 토대입니다. 거버넌스는 특정 집단이 이끌어가는 것이 아니라 지역사회가 함께 만들어 가는 것이 되어야 합니다.

따라서 로컬거버넌스 추진의 비전, 목표와 방향에 대한 지역사회의 합의와 공유가 거버넌스의 성공적 구현으로 나아가기 위한 열쇠라고 할 수 있습니다.

이를 위한 구체적인 실행방안을 예로 들자면 '로컬거버넌스 추진에 대한 단체장의 비전 공개'와 함께 여하히 하든 '로컬거버넌스 추진의 목표와 방안에 대한 지역사회의 합의'를 형성·도출하는 과정을 조직하는 것을 들 수 있겠습니다. 소망스럽기로는 지자체, 지방의회, 그리고 지역사회 내 모든 부문, 영역, 정당과 사회경제단체까지 함께하는 '참여와 파트너십 지역사회 협약'을 체결하는 것이 바람직합니다.

② 거버넌스 도·시정 사업의 통합적 관리

거버넌스는 또 하나의 시·도정, 시·군·구정 사업이 아니라 행정패러다임의 이동이라 했습니다. 이전과 같은 위계적 관료체제에 따른 편의주의적 칸막이 행정으로는 거버넌스 추진에 한계가 뚜렷합니다. 나름대로 진정성을 갖고 거버넌스 행정을 하겠다 하는데도 실제로 바라는 소기의 성과나 변화가 없고 지지부진하여 답답한 상황을 맴돌게 되는 원인과 이유의 많은 부분이 이 때문이기도 합니다.

따라서 로컬거버넌스를 추진할 때는 반드시 거버넌스 시·도정, 시·군·구정 전체를 통합적으로 관리할 수 있어야 하고 행정 내에 거버넌스 소통구조가 원활히 가동되어야 합니다.

이를 위한 실행방안으로는 '거버넌스 추진 컨트롤타워 설치 및 사업 간 소통협의조정 구조 마련' 그리고 이를 바탕으로 '거버넌스 중점 선도사업과 거버넌스 친화형 사업의 연계' 등을 들 수 있겠습니다.

③ 거버넌스 주체역량 강화

거버넌스는 제도 이전에 주체의 문제입니다. 거버넌스 구현은 제도 없이도 가능하지만, 주체 없이, 주체의 성숙 없이는 불가능합니다. 로컬거버넌스 추진 초기단계에는 거버넌스 중심주체 내지 핵심역량의 발굴과 육성에 주력하고, 거버넌스 교육 사업을 체계적, 지속적으로 시행하고, 민간주체의 성장을 위한 다양한 지원책을 마련해야 합니다.

과제를 실현하기 위한 실행방안으로 '거버넌스 교육 운영·지원 체제 정비' '실효적 거버넌스 교육의 전략적 시행' '민간네트워크 발전 지원' 등을 예로 들 수 있겠습니다. 교육과 관련하여 한 가지만 덧붙이자면, 교육 양의 단순확대보다 질적 교육을 통한 성과 창출과 모범·모델 사례의 자생적 전파를 통한 확산 전략에 기초한 교육운용 전략이 필요합니다.

④ 거버넌스 소통과 논의의 활성화와 거버넌스 문화 확산

거버넌스는 곧 주체의 문제라고 하였습니다. 거버넌스가 건강하게 발전하고 정착하는 것은 거버넌스 문화가 확산되고, 지역사회에 뿌리를 내리는 것이라고 할 수 있습니다.

거버넌스 문화의 주요 요소로 파트너십과 성찰에 기반한 '자율과 책임' '참여와 합의' '실천과 협력' '조정과 통합'을 들 수 있습니다. 로컬거버넌스의 견실한 발전과 정착을 위한 과제의 하나로 이 같은 거버넌스 문화를 진작하기 위한 다양한 노력을 기울이는 것은 매우 주효합니다. 민·관 간에, 지역사회 내 다양한 부문영역의 주체들 간에 거버넌스적 소통의 활성화를 통한 성과를 경험할 수 있는 다양한 논의의 장을 개발하고 운영을 지원하는 것 또한 장기적 관점에서 거버넌스의 지속과 발전을 위하여 중요합니다.

이 과제를 구현하기 위한 실행방안을 예로 든다면 '자율적 민관 거버넌스 논의공간 운영' '거버넌스형 주민정책축제 개최' '민관네트워크모임 활성화 지원·촉진' 등을 들 수 있습니다. 민관 거버넌스 논의공간 운영의 빼어난 모델 사례의 하나로 이 책 덤에서 든 홍성군의 '홍성통' 사례를 참고할 수도 있겠습니다.

⑤ 거버넌스발전기구 설치와 단계적 고도화

로컬거버넌스의 지속적 발전을 위하여 거버넌스 발전을 본연의 임무와 역할로 하는 기구를 설치할 필요가 있습니다.

거버넌스발전 기구는 우리나라 지방정치행정의 일반현실에서는 행정 내에 지원체계를 두고 그 파트너십으로 민관이 참여하는 위원회를 구성하는 형태로 설치하는 것이 그 중 바람직한 모델입니다. 이 경우 지원체계와 위원회는 내용에 따라 상호 이니셔티브를 갖는 것으로 하고, 양자 관계에서도 파트너십과 자율과 책임이 작동하도록 해야 합니다.

이를 위한 실행방안으로 '거버넌스 담당부서 설치 ⇒ 거버넌스발전지원단 전환' '거버넌스발전위원회 구성'[27] 등을 들 수 있겠습니다.

⑥ 거버넌스 제도역량 확보

로컬거버넌스의 안정적 추진과 지속적 발전을 위하여 제도역량을 확보하도록 합니다.

이 과제 추진에 관련해서는 각별히 제도우선주의, 제도만능주의의 함정에 빠지지 않도록, 주체중심의 추진 원칙을 유념하여 제도역량이 주체의 활동을 의미 있게 촉진하거나 혹은 거버넌스의 발전 속도를 가속할 수 있도록 상황에 맞게 추진해야 합니다. 홍성군 홍성통의 경우 그간 성과에도 불구하고 자율적 조정 기능의 퇴화를 우려하여 제도화를 하지 않았던 예는 참고가 될 수 있습니다. 마찬가지로 거버넌스 추진의 통합성을 감안하여 유관 제도역량이나 간접적인 제도역량도 충분히 활용하도록 해야 합니다.

이 과제를 실현하기 위한 방안으로는 '거버넌스 조례 제·개정', 인사·평가·감사 체계 개선 등 '거버넌스 친화형 행정운용체계와 장치 마련' '주민자치 및 주민참여제도 확대' 등을 들 수 있습니다.

⑦ 주민주도의 거버넌스 고도화 추진

로컬거버넌스는 주민주권을 지방정부와 지역공동체 운영에 구체적으로 실현하는 패러다임입니다. 로컬거버넌스 발전은 곧 주민의 참여와 주민의 공공적 책무성의 확대를 통해 이루어집니다. 따라서 거버넌스의 발전과 고도화 과정이 주민주도로 이루어질 수 있도록 하는 것은 거버넌스 발전을 가속화하고 지속가능하게 하는 수단적 유용성이 있을 뿐만 아니라, 로컬거버넌스의 본령, 그 중심에 육박하는 과제입니다.

이 과제를 실현하기 위한 실행방안들로는 '주민참여형 거버넌스발전 연차계획(예르써 3차의 3개년 계획) 수립' '거버넌스형 거버넌스추진 점검체계 마련(지표, 점검시스템)'을 들 수 있겠습니다.

[표2] 로컬거버넌스 추진 상의 과제와 실행방안들

추진원칙연관성	추진원칙연관성	실행방안
통합적 추진	거버넌스 비전의 지역사회 공유	단체장의 거버넌스추진 비전 공개
		추진 목표와 방향에 대한 사회적 합의
	거버넌스 도·시정 사업의 통합적 관리	컨트롤타워 설치 및 사업간 협의조정구조 마련
		거버넌스 선도사업과 거버넌스 친화형 사업 연계추진
주체중심의 추진	거버넌스 주체역량 강화	실효적 거버넌스 교육의 전략적 시행
		거버넌스 교육 운영·지원 체제 정비
		민간 네트워크 발전 지원
	거버넌스 소통 활성화와 거버넌스 문화 확산	자율적 거버넌스 논의공간 '지역의통'(가칭) 운영
		거버넌스형 시민정책축제 개최
		민관네트워크형 모임 활성화 촉진·지원
지속적 추진	거버넌스 발전기구 설치와 단계적 고도화	거버넌스 담당부서 설치 ⇒ 거버넌스발전지원단 전환
		지역거버넌스발전위원회 구성
	거버넌스 제도역량 확보	거버넌스 조례 제·개정
		거버넌스친화형 행정운영체계와 방안 마련. 시행
		주민자치 및 시민참여제도 확대
	주민주도의 거버넌스 고도화 추진	주민참여형 거버넌스발전 연차계획(3차 3개년 계획 등) 수립
		거버넌스형 거버넌스 추진 점검체계 마련

5장

거버넌스 시대 지방의회를 위하여

거버넌스 지방정치론

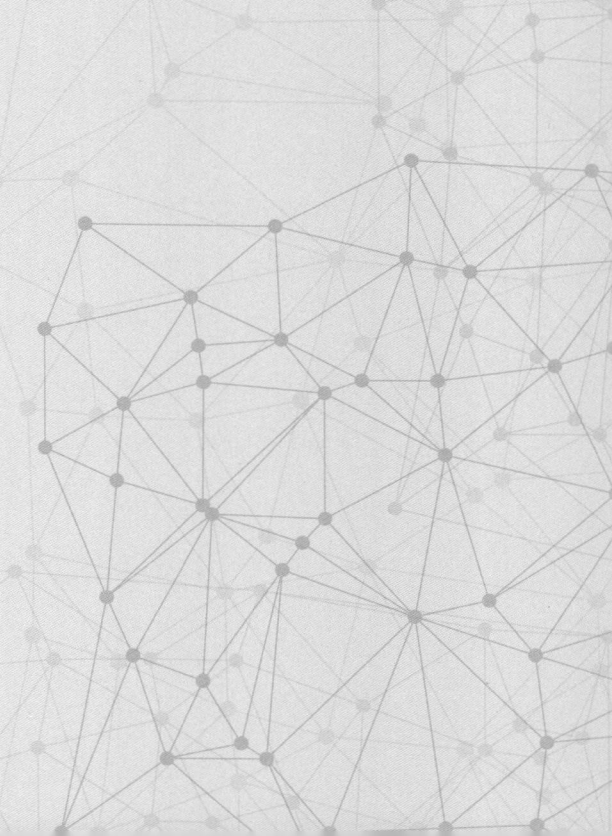

1
지방의회 위상 제고 캠페인

 지방의 발전은 국정의 영향을 받을 수밖에 없고, 지방정부의 거버넌스는 중앙정부 운영 패러다임의 영향을 받을 수밖에 없습니다.
 일종의 정치 거버넌스, 소위 정(의회)·관(행정) 거버넌스의 선구적인 실험이었던 민선 6기 경기도 연정의 진행 과정에서도 확인할 수 있는 것처럼, 그리고 외국의 지방자치제도와 지방정부 기관구성 형태와 운용 사례에서 살펴 본 것처럼, 로컬거버넌스는 중앙정부-광역지방정부-기초지방정부라는 종적 층위 간, 그리고 지방정부-지방정부, 행정-의회-시민사회 등등 다양한 횡적 층위의 중층적 네트워크와 힘(권력관계)의 자장磁場 속에서 이루어지는 것입니다. 거버넌스 시대에 지방의회의 위상을 강화하는 것은 로컬거버넌스를 둘러싼 환경을 거버넌스친화적으로 바꾸거나 개선·발전시키기 위한 지방의회의 캠페인과 무관할 수 없으며, 그것은 곧 로컬거버넌스의 발전에서 지방의회의 역할을 강화하는 길이기도 합니다. 지방의회의 위상을 제고하기 위한 캠페인은 곧 분권자치 혁신 캠페인의 일부, 그리고 지방정치 혁신 캠페인의 일부가 될 것입니다. 이러한 캠페인은 중·단기 캠페인과 중·장기 캠페인으로 나누어서 이야기할 수도 있겠습니다.

가. 중·단기 캠페인

① 거버넌스 분권자치 캠페인 전개

거버넌스 자체가 곧 권한과 책임의 분점 내지 공유, 즉 분권의 패러다임이자 다양한 공동체 주체들이 공동체 운영과 문제해결 과정에 함께 참여하는 자치의 패러다임으로, 분권자치의 확대와 강화 없이 로컬거버넌스의 발전과 활성화는 난망합니다.

지방분권 캠페인을 전개하되, 거버넌스 패러다임에 기초하면서 로컬거버넌스 강화와 통합된 분권 캠페인, 즉 지역내적으로 로컬거버넌스를 강화해 가면서 다시 그 역량을 기반으로 분권 캠페인을 전개하는 것이 매우 중요하고 유력합니다.

② 정당민주화, 정당내부분권 캠페인

주민주권의 지방자치가 활성화하여 지역주민의 이해와 생활에 밀착한 지방정치가 정상화하고 그에 따라 로컬거버넌스가 활성화하기 위해서는 정당민주화와 정당 내 분권 등 정당혁신이 반드시 동시에 이루어져야 합니다.

지방의회가 하향식 공천 등을 통해 중앙정치에 예속되고 정쟁에 휘둘리게 되면[28] 지방정치는 왜곡되게 마련이고 이 경우 지방의회 거버넌스와 로컬거버넌스가 정상적으로 작동할 수 없게 될 것입니다.

③ 의회의 지방정치 중심성 회복 캠페인

위와도 연관되는 것으로 지방의회가 스스로 지방정치의 중심성을 회복하려는 노력이 요구됩니다.

지방의회의 다수당이 같은 당 단체장과 집행부에 의존하거나 나아가 종속되는 경우 시민사회와의 협력과 파트너십에 문제가 생기고, 의회 내 거버넌스에 장애를 초래하지 않을 수 없습니다. 단체장의 교체에 따라 일거에 민간 파트너십이 교체, 갱신되고 시·도정, 시·군·구정의 기조가 바뀌게 되면 공직사회에 민관 거버넌스에 대한 피로와 회의, 불신과 기피가 축적될 것입니다.

따라서, 로컬거버넌스 체제의 안정성과 지속성을 확보해나가는 데서 지방정치에서 지방의회의 중심성을 확보하기 위한 지방의회 스스로의 자각과 다각적인 노력이 필요합니다.

나. 중·장기 캠페인

① 지방자치제도 및 지방권력구조 다양화·자율화 캠페인

앞서 제시한 중·단기 캠페인 과제의 연장에서 중·장기적으로 지방권력구조 형태를 포함하여 지방자치제도를 지역 실정에 맞게 선택하고 운영할 수 있게 지방자치제도를 실제로 다양화하는 캠페인을 꾸준히 전개해 나갈 필요가 있습니다.

이는 지역 주체들의 선택에 따라 지역 실정에 맞게 로컬거버넌스를 활성화하고 고도화할 수 있는 기반이 될 것입니다. 외국의 지방자치제도의 다양성 사례를 참고할 수 있을 뿐 아니라, 한 세대에 불과하고, 그것도 획일적으로 이루어진 우리나라 지방자치제도 역사이지만 민선 6기 경기도 연정의 사례나 민선 7기 서울시민주주의위원회의 실험 등 성공과 실패 경험을 아울러 자산으로 잘 활용할 필요가 있습니다. 경기도 연정 사례는 뒤에 덤에서 소개하겠습니다.

② 이상적인 로컬거버넌스 체제 연구

나아가 이상적인 로컬거버넌스 체제를 위한 지방의회의 지속적인 연구노력이 필요합니다.

사회발전에 따른 새로운 담론과 가치, 패러다임을 진취적으로 국가사회공동체에 도입하고 정착시키는 역할을 담당하는 것도 의회의 몫입니다. 누누이 강조하듯이 거버넌스, 거버넌스의 철학과 원리, 구조는 민주주의의 진화모델을 구성합니다. 따라서 로컬거버넌스의 종합적·이상적 모델을 지방의회에서 지속적으로 연구하고 지역 정치사회에 도입하고 실험하는 것은 로컬거버넌스의 발전을 선도하는 역할의 일환으로 매우 소망스럽다고 할 수 있습니다.

2

로컬거버넌스와 지방의회의 역할 강화

로컬거버넌스를 발전시키기 위한 외부환경 조성을 위해 필요한 대외 캠페인과 동시에 로컬거버넌스에서 지방의회의 역할을 제고하기 위하여 지방의회 차원에서 실천해 나갈 수 있는 과제들이 있습니다.

이 과제들은 지방의회 내부의 합의를 전제로 지방의회 차원에서 결의하고 실천, 노력하면 현실적으로 실현할 수 있는 것들이라고 할 수 있습니다.

가. 거버넌스 인식교정과 역량강화

무엇보다 지방의회와 지방의원들의 거버넌스에 대한 인식정립 내지 인식교정이 우선적이고도 중요한 과제입니다. 실제로 지방의원들의 거버넌스에 대한 인식이 다분히 부정적임이 여러 조사나 활동 분석 등에서 드러나고 있는 실정입니다.[29] 즉, 지방의원들은 막연히 거버넌스의 활성화가 자신들의 고유한 혹은 배타적인 주민대표성을 침해하거나 약화시키고 자신들의 권한을 축소하는 것으로 지레 오해하고 있는 경우가 많습니다. 이는 지방의원의 파트너들인 공무원, 시민사회는 물론이고 지방의원 스스로도 공통적으로 제기하는 의견으로 로컬거버넌스에 대한 인식과 태도의 편차가 크기도 한 만큼 무엇보다 시급한 과제라고 할 수 있겠습니다.

이에 지방의원들의 거버넌스에 대한 적확한 인식의 정립을 위한 지방의회 차원의 방안 마련이 필요하며, 지방의원 거버넌스교육 진행, 거버넌스 연구모임 지원 및 교류 촉진, 개방형 연구모임 활성화 지원 등 유용한 방안들을 다각적으로 마련해야 합니다.

나. 거버넌스 친화형 의회 상像과 의회운영 모델의 도입

주권자인 주민에 열린 지방의회, 주민과 함께하는 위원회 운영을 지향으로 다양한 모델을 창안하고 시행해야 합니다.

구체적으로 정기 주민보고회, 일정 인원 이상 주민그룹 및 단체의 간담회요구권 명문화, 의회 특별위원회에 민간위원 참여, 행정사무감사 시에 민간위원 선임 제도 등을 도입하고 실질적으로 운영하는 방안을 마련할 수 있습니다. 또한 일부에서 이미 선구적으로 운영하고 있는 청년의회, 청소년의회, 어린이의회 등을 도입하고 연계하여 운영하는 방안도 있습니다. 그 밖에도 의회 공간 내의 권위주의적 요소를 없애고 주권자인 주민과 함께하기 위한 노력들을 다양하게 펼쳐야 합니다.

이와 관련한 구체적인 제도 설계나 운영에서는 가까운 일본의 지방의회 혁신 사례들도 참고할 수 있겠습니다.

다. 거버넌스 의정활동 컨설팅역량 확보

지방의원들의 의정활동을 지원하는 정책지원역량과 별개로 로컬거버넌스에서 지방의원들의 거버넌스 의정활동의 논리나 방안, 필요사항들, 그리고 실제 활동수행을 실질적으로 자문하고 도울 수 있는 역량을 지방의회 차원에서 확보하여 운용하는 것도 필요합니다.

이에 대해서는 대체로 지역시민사회 그룹에서도 공감이 확인되는 만큼 시민사회와 행정 등 파트너십의 지원을 받으며 추진할 수 있을 것입니다.

라. 의회 내외 그룹·기관 간 파트너십 확대

 의회 내 여야 간, 의회와 집행부 간, 이웃 광역의회, 이웃 기초의회 등 타 기관 간에, 그리고 민간단체 등과 생산적 경쟁과 협력의 파트너십을 지속적으로 확대하고 활성화하는 데 솔선하여 앞장서야 합니다.
 이 경우에도 로컬거버넌스를 실천하는 마당에서는 관성처럼 이를테면 사진찍기용 일회성 간담회에 그쳐서는 아니되고 파트너십 규약이나 협정 등 지속성 있는 장치를 마련하여 지방의회의 거버넌스 리더십을 적극적으로 확대하고 강화해가야 합니다.

 그 밖에도 주민주권 실현의 확대를 위한 민간의 다양한 캠페인을 지원하는 일상 활동 등을 통해서 지방정치에서 지방의회의 거버넌스 리더십을 확대하는 방안들을 다기하게 마련하고 실행해야 합니다.

[표3] 로컬거버넌스에서 지방의회 역할 제고를 위한 과제와 방안

과제	방안
의원 거버넌스 인식 제고와 역량 강화	- 지방의회 차원의 거버넌스교육 진행 - 의원 거버넌스연구모임 지원 및 교류 촉진 - 개방형 연구모임 활성화 지원 등
거버넌스 친화형 의회운영 모델의 도입, 시행	- 정기 주민보고회 개최 - 주민 그룹 및 단체의 간담회 요구권 도입 - 의회내 각급위원회 활동에 민간위원 참여제 도입, 활성화 (의회 특별위원회 민간위원, 행정사무감사 민간위원 선임 등) - 청년의회, 청소년의회, 어린이의회 연계 운영 등
거버넌스 의정활동 지원·자문 역량 확보	- 의회 사무국내 거버넌스 의정활동 지원관(컨설턴트) 선임·채용 ※ 정책 전문위원과 별개 - 거버넌스 의정활동 외부전문기관 협약 등
의회 내외의 파트너십 확대	- 의회 내 여야 간, 의회와 집행부 간 파트너십 활성화 - 타 지방의회(시·도 또는 시·군·구 의회), 민간단체 등과 파트너십 확대(파트너십 규약이나 협정 등 지속성 있는 장치 마련)
지방정치 일상의 거버넌스 리더십 강화	- 주민주권 실현 확대를 위한 민간의 다양한 캠페인 지원 등

3

지방의원의 새로운 역할모델과 의정활동

가. 거버넌스 시대 지방의원의 정체성 재구성

거버넌스 민주주의 시대에 지방의원으로서 성공적인 의정활동 전개를 위해서는 그 무엇보다 우선하여 시대의 변화를 올바로 읽고, 근대 대의제 민주주의의 진화모델인 거버넌스 패러다임에 조응하는 지방의원의 정체성에 대한 성찰과 새로운 자의식의 정립이 요구된다고 하겠습니다. 여기에는 다음과 같은 것들이 포함될 것입니다.

첫째, 거버넌스와 거버넌스 시대에 대한 인식 정립

둘째, 거버넌스 시대 로컬거버넌스 캠페이너로서의 자의식

셋째, 지역대표성에 대한 재인식(현장성)과 균형성 확보(전체적 안목) 노력

<그림5> 거버넌스 시대 지방의원의 정체성 형성

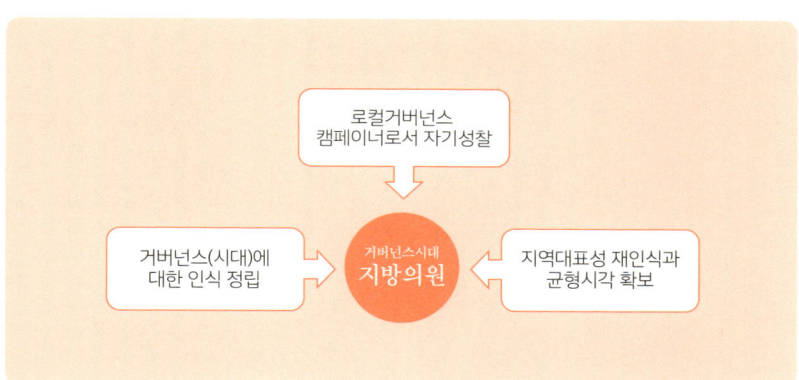

나. 지방의원의 새로운 역할모델과 활동유형

거버넌스 시대에 지방의원으로서 로컬거버넌스 발전을 선도하거나 그에 기여하기 위한 의정활동을 수행하기 위해서는 지방의회와 지방의원의 새로운 역할모델을 모색하고 정립하려는 노력이 무엇보다도 중요하다고 할 수 있습니다.

즉, 정보통신의 발달, 다원화·민주화하는 정치사회 환경, 일상의 글로컬라이제이션 등 변화하는 지방정치 환경, 그리고 스마트화하는 유

권자, 주민들의 높아지는 주권의식과 참여욕구 등이 복합적으로 작용하여 추동하는 로컬거버넌스 시대에는 배타적인 주민대표기관, 독립적인 주민의사의 대변자·주민의지의 대리자, 행정의 공식적인 감시자·견제자와 같은 이전의 전통적인 위상과 역할모델을 뛰어넘는 확장되고 진화한 새로운 역할이 요구됩니다.

거버넌스 시대에 요청되는 지방의회 및 지방의원의 새로운 역할모델 상들은 아래의 것들을 포함한다고 할 수 있습니다.

첫째, 로컬거버넌스의 촉진자, 거버넌스 캠페이너

둘째, 공동체 모더레이터이자 균형자

셋째, 거버넌스 코디네이터, 특히 행정과 시민사회 간 코디네이터

넷째, 주민주권 구현의 프론티어, 지역공동체 또는 지방정치(지방정부)의 권한분산 촉진자

다섯째, 시대변화에 따른 새로운 진취적 가치·담론·패러다임의 도입-이식-정착-확산자

이에 따라 지역주권의 분권과 주민주권의 자치시대에 로컬거버넌스에 부응하고 거버넌스 발전을 선도하고 활성화에 기여할 수 있는 의정활동의 내용과 방안은 몇 가지 범주 내지 유형으로 나눌 수 있겠습니다.

첫째, 입법과 연계된 활동

둘째, 행정의 감시·견제·격려와 연계된 활동

[표4] 거버넌스 시대 지방의회와 의원의 위상과 역할 확장 모델

구분		Pre- 거버넌스	거버넌스 시대
지방의원 역할모델	지방의회 위상	배타적 주민대표기관	선출 주민대표기관 진취적 패러다임 도입·이식 통로
	지방의원 역할	주민의사 대표자 주민의지 대리자 행정의 감시·견제자 지역운동가	공동체 의사 집약자 공동체 의지 조직자 로컬거버넌스 촉진자, 거버넌스 캠페이너 공동체 모더레이터 행정의 감시·격려자 지역운동가 주민주권 프론티어

셋째, 주민참여, 주민주권의 자치 확대와 일상의 민주주의를 위한 활동

넷째, 공동체 모더레이터 내지 (갈등)조정통합형 지역문제해결 활동

다섯째, 직접적인 로컬거버넌스 캠페이너 활동

다. 로컬거버넌스 발전을 위한 지방의원 활동방안 제안

구체적인 거버넌스형 지방의정활동 방안에 대해서는 위에서 제시한 다섯 가지 활동 범주, 유형에 따라 아래와 같이 제안합니다.

첫째, 입법과 연계된 로컬거버넌스 의정활동 방안들입니다.

- 정책의 거버넌스영향평가 제도·규칙 도입 및 운영 촉진
- 거버넌스친화형 예산관련 제도·규칙 도입 및 운영 촉진
- 거버넌스친화형 평가 및 인사 행정 등을 뒷받침하는 제도·규칙 도입 및 운영 촉진
- 부문·영역, 분야 별 거버넌스체계 구축 및 활성화를 위한 제도·규칙 도입 및 운영 촉진
- 거버넌스친화형 의회 상과 의회운영을 위한 제도·규칙 마련

둘째, 행정의 감시·견제·격려와 연계된 로컬거버넌스 의정활동 방안들입니다.
- 행정 전반의 거버넌스형 전환을 촉구, 촉진하는 의회 내 활동(질의, 발언, 행감, 심의 등)
- 행정협의를 활용한 관·관 거버넌스 촉진, 행정내부 칸막이 극복 및 융합적 사업수행 간접촉진 활동
- 거버넌스형 행정(업무수행) 지지, 독려 활동 등

셋째, 주민참여, 주민자치 확대와 일상의 민주주의를 위한 의정활동 방안들입니다.
- 정기 주민토론회 개최
- 조례 제·개정 시 반드시 주민공청회 사전개최
- 시·도·정 혹은 시·군·구정 주요 이슈에 대한 공론장(형성) 활동
- 민주시민교실, 시민정치학교 운영·지원 등 일상의 민주주의 확산

과 문화혁신을 위한 활동 등

넷째, 공동체 모더레이터 내지 조정통합형 지역문제해결 활동 방안들입니다.[30)]

- 지역현안 문제 및 이슈, 갈등사안 등에 대한 공청회, 토론회 등 개최
- 지역현안 해결을 위한 네트워크(협의체) 구성 선도 및 지원·지지 활동 등

다섯째, 직접적인 로컬거버넌스 캠페이너 활동 방안들입니다.[31)]

- 지역 내 거버넌스교육 프로그램 진행, 지원
- 지역 내 자발적인 거버넌스 모임·조직 구성과 활동 선도·촉진, 참여·지원
- 지역 거버넌스모임 간 연대·협력활동 촉진, 지원 등

[표5] 로컬거버넌스 발전을 위한 지방의원 활동 방안

구분	활동방안
입법과 연계된 활동	• 정책의 거버넌스영향 평가 제도·규칙 도입 • 거버넌스친화형 예산관련 제도·규칙 도입 • 거버넌스친화형 평가 및 인사 행정 뒷받침 제도·규칙 도입 • 분야, 부문 영역 별 거버넌스 체계 구축 제도·규칙 도입 • 거버넌스친화형 의회 상과 의회운영을 위한 제도·규칙 마련 등
행정의 감시·견제·격려와 연계된 활동	• 시·도정, 시·군·구정 전반의 거버넌스형 전환 촉구, 촉진 활동 (질의, 발언, 행감, 심의 등) • 행정 협의를 활용한 관관 거버넌스 촉진, 칸막이 극복 및 융합적 사업 수행 간접촉진 활동 • 거버넌스형 행정(업무수행) 지지, 독려 활동 등
주민주권의 자치 확대와 일상의 민주주의를 위한 활동	• 정기 주민토론회 개최 • 조례 제·개정 시 주민공청회 사전 개최 • 시·도정 또는 시·군·구정 주요 이슈에 대한 공론장 (형성) 활동 • 민주시민교실, 시민정치학교 운영, 지원. 일상의 민주주의 확산과 문화 혁신활동 등
공동체 모더레이터, 조정통합형 지역문제해결 활동	• 지역 현안 문제 및 이슈, 갈등 사안에 대한 공청회, 토론회 등 개최 • 지역 현안 해결을 위한 네트워크(협의체) 구성 선도 및 지원 지지 활동 등
직접적 로컬거버넌스 캠페이너 활동	• 지역 내 거버넌스 교육 프로그램 진행, 지원 • 지역 내 자발적인 거버넌스포럼·모임 조직 구성 선도, 촉진, 참여, 지원 • 다른 (지역)거버넌스포럼·모임 간 연대 협력 활동 촉진, 지원 등

6장

거버넌스 시대 지역시민사회를 위하여

거버넌스 지방정치론

1

한국시민사회의 성찰, 변화와 혁신의 모색

작금의 한국 시민사회, 시민운동을 이야기해 보자 하면, '어렵다' '혼돈이다' 하는 말, 그 연관어들이 어김없이 등장합니다. 시민사회에서 일할 사람 찾기가 여간하지 않다는 이야기며, 시민운동단체의 사회적 위상과 신뢰가 예전 같지 않다는 이야기에서 심지어 불신과 조롱의 눈길이 예사롭지 않더라는 탄식까지…. 한 마디로 한국 시민사회라 했지만, 그 중에 지역 시민사회, 지역의 시민사회운동은 참으로 어렵습니다. 마치 일반적으로 한국사회의 정체를 걱정한다고 하지만, 지역은 아예 소멸을 걱정하고 위기가 일상화한 것과 유사하게 대비할 수 있습니다. 실로 지역시민단체 사람들은 '지역시민사회는 진작에 초토화하고 있다'는 말을 서슴없이 하는 형편입니다. 사정이 이리 어둡게 된 가운데 앞길을 찾기 위해서는 시대환경의 변화와 함께 내적 이유와 원인을 진지하게 살펴야할 것입니다.

가. 한국 시민운동의 과도한 자의식

1989년 경실련의 출범을 깃점으로 한국 사회에 이른바 90년대형 시민운동이 본격화하면서 시민운동과 운동가들, 그리고 그 이데올로그(이론가, 언론)들은 스스로 자기 정체성의 주요 구성요소 가운데 그 덕목과 원칙 같은 것들로 공익성, 비영리성, 중립성, 도덕성, 헌신성 등등을 강조하였습니다.

그런데 요즘 같으면 "민주사회의 시민이 자기 이해와 권리를 위하여 그리고 자신의 가치와 이념의 추구를 위하여 행동하는 것, 그 집합이 원천적으로 시민사회운동일진데 거기에 왜 그리 복잡한 정체성 제약이 따라 붙어야 하지?" 하고 물을 수 있고, 당연히 물음직한 질문입니다.

이는 우리가 보기에도 좀 많이 독특한 것인데, 87년 민주화 이후 90년대 시민운동이 등장하던 당시 한국적 상황에서는 시민운동이 동원 가능한 자원 측면에서 불가피한 면도 있었다고 봅니다. 즉, 계급계층

조직대중 기반이 따로 없는 상황에서 강고한 국가권력과 자본에 맞서 문제를 제기하거나 비판하면서 빠른 시일 내에 이를 개선하거나 소기의 성과를 거두기 위한 동력으로 여론의 지지[32] 혹은 국민적 지지에 의존하지 않을 수 없었고, 당시의 사회 정치적 분위기와 국민들의 정서, 문화, 풍토 속에서 앞서와 같은 자기규정, 규율(어쩌면 작위적인 자기검열?)을 자연스럽게 내세우게 된 측면이 있었다고 보는 것입니다.

다 아는 바와 같이, 1세대 시민운동, 90년대 시민운동을 일군 주인공들은 70년대 80년대 민주화 운동가들(이른바 80년대 민주화운동세대)이거나 그 긴밀한 조력자들입니다. 달리 말하면 시민사회운동의 문제는 80년대 민주화운동과 그 관계자들의 문화, 인식, 태도, 관계(네트워크)의 문제가 그 연원이거나 그 연원의 주요한 일부일 수 있다는 이야기입니다. 2000년대 이후 보수적 흐름의 시민사회운동 그룹이 일부 등장하기 시작하지만 한국 시민운동의 주류는 범진보(80년대 운동네트워크의 연장)라고 할 수 있고, 따라서 얼마든지 언제든지 정파성이 가속화할 수 있는 사회역사적 조건이 태생적으로 형성되어 있다고 할 수 있습니다.

그 세대 그룹의 운동문화 특징의 일단들로 당사자들은 더 잘 이해하겠지만, 지독한 엘리트주의 즉, 진보우월주의, 도덕패권주의, 운동권위주의, 정치만능주의들을 이야기할 수 있을 것입니다.[33] 이 같은 세대

문화적·인적 특성과 풍토, 연원의 폭넓은 태생적 기반 위에서 전개된 시민운동이 자기 정체성, 덕목으로 정치적 중립성 등등을 전면에 내세웠으니 위태롭고, 잘 안 맞는 옷을 입고 있었던 셈이었다고 할까요?

주류 시민사회와 시민운동의 문제적 양상, 잠재되고 내재된 문제의 외화·전개 양상들을 짚어보면,

- 80년대 운동권의 이념적·활동적 전통과 네트워크 기반 등에서 연원한다고 볼 수 있는 진보우월주의, 도덕패권주의, 운동권위주의 관성
- 도덕패권주의가 흔들리는 가운데 패거리 패권이 이를 대체하는 퇴행적이고 다분히 악성적인 양상
- 스마트한 시민들의 외면 속에 한편 유사類似 거버넌스로 권력 엘리트에 흡수·동화될 우려와 현실화

이렇게도 압축해 볼 수 있을 것입니다. 자기 성찰에 취약한 시민사회와 시민운동가 그룹의 자의식 내지 행동 양식의 내면을 좀 더 멀리 들여다보면 사림士林 전통에까지 닿을 수 있겠거니와 이것이 묘한 민중주의, 한국적 민중주의 등과 결합하면서 특유의 '이중성'을 배태하기에 어울리는 조건을 갖춘 것 아닌가 추정해 봅니다.

나. 이중성? 과도한 자의식의 필연?

시민사회의 장기적인 확대발전이라는 측면에서 사실 정치적이거나 정파적인 것보다 '이중성' - 설령 의도하지 않은 것이었다고 해도 - 이 더 문제라고 봅니다. 이는 시민사회와 시민운동의 건강성과 신뢰의 기초를 위협하는 것이 되기 쉽고, 나아가 시민사회가 민주사회의 국가 내지 공적 기구들을 둘러싸고 받침하는 더 넓은 기반이라면 민주사회 저변의 신뢰와 안정성을 손상하고 약화시키는 것으로 이어질 수 있기 때문입니다.

현장에서 들은 이야기 몇 토막을 적어봅니다.

"그 단체(참여연대)는 자기들은 정부로부터 일체 지원받지 않는다고 내세우던데요. 그런데 정작 그 단체 출신 인사들은 다들 정부에 들어가더라고요"

"시민사회 운동에 몸담다가 정치권에 들어갈 때 꼭 그런 말들을 하잖아요. '사회 개혁을 위해 시민운동을 해 왔는데 제도화 없이는 한계가 있더라'. 그런데 그런 말이 왜 필요하죠? 그냥 불필요한 변명처럼 들려요. 시민운동가도 정치할 수 있는 거죠. 시민운동 할 때는 법과 제도의 중요성을 정말 몰랐다는 이야기인가요?"

"시민단체 출신들이 정치에 진출하면서 '시민정치 시대'다, '시민정치를 하겠다', 하는데, 말이 안돼요. 시민단체 출신들 자기들이 정치하는 게 '시민정치'는 아니잖아요?"

"시민운동가들이 정치권에 들어갈 때는 하나 같이 기성정치를 비판하면서 정치개혁을 위해서라고, 그 안에 들어가서 정치를 혁신하겠다 하더니, 좀 지나면 기성정치인들과 다르지 않아요, 더러는 기성정치인들 뺨 쳐요. 더 해요. 그 판에 늦게 들어가서 빨리 자리잡기위해서인지 몰라도"

이와 같은 식의 다분히 음습한(?) 정치적 태도와 그리고 그 발현이 오히려 시민사회와 시민운동의 정파성을 극적으로 부각시키고 시민들의 시민사회, 시민사회운동에 대한 기대와 신뢰를 서서히 약화시켜 온 것이라고 볼 수 있습니다.

다. 성찰과 혁신의 기대

1세대 시민운동이, 그리고 그 영향 속의 1.5세대 시민운동이 스스로를 성찰하여 혁신하고 변화할 수 있을까요? 좋은 말을 할 수는 있겠으나, 현실적으로 변화의 가능성은 높지 않다고 보아야 하지 않을까요? 이미 1.5세대 시민운동은 유사거버넌스 신드롬과도 중첩되면서 기반이 상당한 정도로 약해지고, 지역에 따라서는 심지어 길이 없다는 이야기도 없지 않은 실정입니다. 문제는 이를테면 단순히 '정치적이냐 아니냐'가 아닙니다. 그보다는 '온전히 건강한가?' 즉 '인지적·정치적 정직성'과 '성찰'의 문제라고 해야 할 것입니다.

1세대를 넘어서 '다음' 시민사회, 시민운동의 가능성은 과연 어떨까요? 쉽지 않은 즈체적·객관사회적 상황이라고 합니다. 많이들 그리 이야기합니다.

그럼에도 불구하고, '다른' 시민사회운동에 대한 기대와 바람은 이야기할 수 있겠지요. 우리로 말하면,

첫째, 민주주의에, 민주주의의 원리와 가치와 문화와 그 일상의 구현과 향상, 진화에 보다 천착하는 운동

둘째, 보다 성찰적인 운동

셋째, 엘리트주의를 극복하는 운동

이었으면 좋겠습니다.

이 책을 시작하면서 이 시대에 정치 사회 영역에서 - 시민사회, 시민운동도 포함하여 - 혁신과 변화의 방향은 메타 차원에서 바라보면, '온갖 형태의 권위주의와 우월주의를 넘어서는' 데 있다고 하였습니다. 민주주의가 진화하다면, 그 진화의 방향은 엘리트주의, 온갖 형태의 권위주의와 우월주의를 넘어서 자유로운 시민들의 자유로운 연대의 지향을 향해가는 것일 것입니다. 그러길 바랍니다.

시민사회의 문제도, 시민운동과 정치의 문제도 먼저 이와 같은 맥락을 읽고, 잡고 '다음'을 모색하면 좋겠습니다. 그때는 이전과 같은, 또는 지금과 같은 '정치냐, 아니냐?' '정파적이냐, 아니냐?'와 같은 구분, 단선 시비를 넘어설 것입니다.

　오히려, 오늘날 전 세계적인 민주주의 위기, 사회적 격차와 불평등의 틈새에 침입하는 반동적인 포퓰리즘의 위협을 극복하는데 정치, 경제, 사회, 문화 영역을 아울러 민주주의 가치와 그 진화의 비전과 지혜를 공유하고 직·간접적인 공동 행동이나 연대 행동을 조직하기 위한 노력을 마다하지 않아야 할 것입니다. 이 과정에서 때로는 제도정치(권)와 함께 하거나 또 때로는 제도정치(권)를 견인하기도 해야 할 것입니다.

　물론 시민사회는, 그리고 개별 시민운동 단체를 포함하여 시민사회 구성원들은 저마다의 고유한 정체성에 기반한 건강한 결사체 활동 및 공론장 활동을 지속적으로 확대하고 확장하여 시민사회 저변의 토대를 확대 강화함으로써 민주주의 유지, 발전의 기초 동력을 지속적으로 확대 강화하는 역할도 감당해야 할 것입니다.

라. 변화 혹은 심화의 방향

시민사회, 시민운동, 시민사회 활동가의 성찰을 전제로 한다는 이야기를 깔고서 몇 가지 제안을 할 수 있겠습니다.

첫째, 분권자치의 확대와 스스로의 분권자치 역량의 강화에 힘써야 할 것입니다. 분권과 자치는 지방분권, 주민자치만을 이르는 것이 아니라, 그것을 하위로 포괄하는 '패러다임으로서 분권자치 캠페인'입니다. 이것은 가능한 모든 부문에서 분권을 확장하고 가능한 모든 수준에서 자치를 확대하는 것입니다. 시민사회 영역, 시민운동 및 그 네트워크의 내부도 마찬가지입니다.

둘째, 위와도 연관되지만 풀뿌리 역량을 강화하는데 힘써야 할 것입니다. 이를 위해 시민사회 자체의 노력만이 아니라 풀뿌리 강화를 위한 전 사회적인 캠페인 거버넌스에 선도적인 관심과 노력을 기울여야 할 것입니다.

셋째, 시민사회 부문영역 그리고 개별 시민단체 활동 가운데 진화하는 디지털·정보통신 기술 등을 활용하여 생활 속 공론장을 확대하고, 숙의민주주의를 일상으로 확산하는 데 적극적인 노력을 기울여 할 것입니다.

넷째, 민주주의 심화와 진화 그리고 삶의 양식의 진화를 위한 실험적이고 선구적인 의제와 방안, 행동양식을 개발하거나 이를 지원하는 노력에 스스로 앞장서고 나아가 끊임없는 자기성찰과 성숙한 파트너십 그리고 신뢰의 증대를 바탕으로 전 사회적으로 민주주의 혁신의 기운을 확산하는 데서 선도적인 역할을 수행하는 데 더 많은 노력을 기울여야 할 것입니다.

　다섯째, 위들과 관련해서 파트너십과 성찰, 경쟁과 협력에 기초한 온전한 거버넌스 패러다임의 확산과 스스로 거버넌스 주체로서의 성숙과 거버넌스 역량강화에 힘써야 할 것입니다. 공동체 구성과 운영의 한 부문으로서 시민사회와 그 주체로서 시민운동가 그룹의 거버넌스적 성숙에도 주의를 기울여야 할 것입니다. 이는 곧 민주주의 심화·진화 캠페인의 일환이기도 합니다.

2

로컬거버넌스 활성화를 위한 지역시민단체의 역할

가. 로컬거버넌스와 시민단체의 역할 기대

① 감시와 견제

　지역혁신, 지역발전을 위한 로컬거버넌스에서 민간부문 시민단체의 역할 가운데 '감시와 견제'는 빠질 수 없습니다. 이것은 물론 결사結社로서의 '시민단체'의 입장이나 관점보다는 주민의 입장, 혹은 공공서비스 수용자 관점에서의 그것이어야 대중적 힘이 있을 것이고, 이를 통해 종내에 지역사회 통합을 확대하는 데 기여한다는 차원에서도 중요한 일입니다.

여전히 혹은 아직은 관에 부여되어 있거나 관이 처분할 수 있는 지역 내 권한과 자원이 양·질 면에서 크기 때문에도 감시와 견제가 갖는 순기능이 역기능(이를테면 사업추진의 소극성, 사업추진력 약화 등을 들 수 있겠지요)보다는 월등히 크다고 해야 할 것입니다. 현실에서 지역에 따라서는 아직도 관청, 업자, 지역언론 등 이른바 토호기득권 커넥션은 지역의 미래를 앗아가 버릴 정도인 곳도 많습니다.

따라서 지역 차원에서 정부의 실패와 오만을 방지하기 위한 감시와 견제 역할은 그나마 부족한 지역자원의 부정한 운용, 낭비와 그에 따른 지역사회 일반의 패배주의와 무기력을 극복하고 투명하고 예측 가능한 자원흐름 속에 희망 있는 참여를 통해 지역활력을 만들어가기 위해서 중요합니다.

② 창의적 정책의제와 아이디어 제공

현재의 공공부문 조직문화와 그동안의 사업관성 등을 고려할 때 적어도 앞으로 상당기간 그리고 이후에도 일정하게 민간부문, 시민단체, 지역시민사회는 지역사회 발전을 위한 창의적 정책의제와 아이디어를 풍부하게 제공하는 역할을 해야 합니다.

정부부문은 그 자원, 특히 인적자원 자질의 우수성에도 불구하고, 적발과 처벌위주의 감사, 폐쇄된 인적 구성, 직급중심의 조직운영 등이 오랫동안 이어져 오면서 조직과 성원들의 창조적 활력과 창발성이 취약해졌습니다. 그 결과 규정과 관행의 방어적·보수적 해석에 따르는 사업작풍이 지배적이고, 시대독해·적응력과 상황변화에 대한 능동적 대처역량 측면에서 거의 거세 수준에 가까운 약화가 구조화하였습니다. 이는 당장 일부를 제외하고 현장과의 커뮤니케이션 없는 이른바 책상머리 행정의 모습으로 나타나고 있습니다.

이런 상황의 발본색원 변화가 금방 이루어질 수 없고 또 변화의 효과가 나타나는 데도 상당한 시간이 걸릴 수밖에 없는 현실에서 지역 내 각 부문영역의 창의적 정책의제와 현장에 밀착한 정책 아이디어를 풍부히 창안하고 제공하는 역할의 상당부분을 민간부문이 맡아 안아야 합니다.[34]

중앙정부 차원에서도 자주 이야기됩니다만, 특히 인적 자원이 상대적으로 취약한 지역에서 정책대안 창안 능력의 발휘와 조직은 시민단체를 포함한 민간부문의 난제이자 주요역할 중의 하나입니다.

③ 지역사회 저변통합 강화 : 다양성에 기초한

국가사회도 마찬가지지만 지역사회의 통합은 갈수록 중요해질 것입니다. 특히 공동체적 혹은 연고주의적 정서가 상대적으로 강하게 잔존하는 우리 지역사회에서 건강한 통합은 지역발전에 관건적인 문제입니다.

과거 관이 누리던 압도적인, 독점적이고 배타적인 권위는 더 이상 유지될 수 없습니다. 따라서 지배와 강제에 기초한 관의 구심력을 통한 지역통합은 한계가 있습니다. 이런 상황에서 역동적인 지역사회 통합력의 확보는 지역사회의 성패를 가름하는 문제입니다.

지역사회의 건강한 통합을 위해 투명성과 공정성을 확립한 관의 역할은 여전히 기본적으로 요구되지만, 민의 역할 특히 시민단체를 포함한 제반 사회단체의 역할이 중요하고 갈수록 더할 것입니다. 저마다 다양한 규모에서 나름대로 비공식적 권위와 지역자원을 분점하는 크고작은 제반 사회단체, 그룹들이 다양하게 얼키고설키며 때로 상호 긴장관계까지 포함하여 건강한 관계를 형성하는 것이 지역사회통합의 저변기반입니다.

이 관계들이 갈등중심적이거나 심지어 소모적인 대립과 충돌을 낳지 않기 위해서는 최소한 각 부문, 단위들의 내부 합리성이 요구됩니다. 그리고 다양성에 대한 기본적인 상호존중이 전제되어야 합니다. 그리고 이를 위해서는 우리 사회 권력행사지형 상, 특히 이른바 진보적인 시민단체들의 더 깊고 더 넓은 성찰이 요구됩니다. 이는 민간 시민사회 영역의 과제와도 직결되는 부분입니다.

나. 거버넌스 역할강화를 위한 지역시민단체의 과제

① 도덕패권주의 운동권위주의 관성 극복

시민단체가 지역발전을 위한 민관파트너십의 요청이나 필요성에 동의한다면 진지한 자기성찰은 필수입니다. 만일 도덕패권주의나 운동권위주의 같은 것이 파트너십과 민간에 주어지는 역할 수행에 장애가 되고 있다면, 시민단체는 이의 극복을 위한 각별한 성찰적 노력을 기울여야 할 것입니다.

관에 창조적 조직기풍이 미약하고 창의적 사업 수행이 이루어지지 않는 것이 역사적이고 구조적인 뿌리와 이유가 있는 것이라면, 시민운동의 도덕패권주의나 운동권위주의도 마찬가지입니다. 우리 최현대사에서 엄혹하고 무자비한 권위주의 체제의 탄압을 도덕성과 헌신성을 무기로 맨몸으로 돌파한 민주화 운동의 맥을 잇는 시민운동의 신산스럽고 강한 전통 속에서 배태된 것이어서 하루아침에 해소될 것이 아닙니다.

그러나 운동은 행정과는 또 다르게 상황에 대한 주체적인 독해와 능동적인 대응, 자기성찰이 운동의 본성, 존재방식에까지 직접 닿는 문제이기도 한 만큼 운동의 자기관성 극복 노력은 아무리 강조해도 지나치지 않습니다.

② 합리화, 체계화

　시민사회 영역도 조직운영과 업무처리에서 더욱 합리화하고 체계화하여야 합니다. 특히 운동진영은 더욱 그렇습니다. 당신들만의 언어를 사용하는 것이 아니라, 상식적인 언어소통 능력을 높여야 하고, 크고 작은 일에서, 조직 내 사소한 업무 처리에서부터 사회적인 발언과 주장, 행동에 이르기까지 권한과 책무, 주장과 책임을 명확히 하는 것을 일상화해야 합니다. 나라 전체, 지역사회 전체를 고민하는 데서는 통 크게 하더라도 일 처리에서는 더 꼼꼼하고 투명하게 해야 합니다. 민간부문 안에 인맥과 연고주의, 적당주의, 정실주의가 어쩌면 더 공공연하게 유포되어 있지는 않은지 돌아봐야 합니다.

　기업이나 관청 사람들이 시민단체 사람들과 선의로 일을 함께 하면서 하소연하는 것을 종종 듣습니다. 그이들이 보기에 민간, 특히 운동단체들은 대의명분으로 많은 것을 스스로 양해하고 양해 받으려 하면서 때로는 심할 정도로 비합리적이고 비체계적이고 두루뭉수리한 일 처리가 많아서 피곤해합니다.

　이런 모습이 반복되어서는 파트너십에서 주요한 역할을 주도적으로 수행할 수도 없거니와 파트너십을 가속하고 심화해가는 데도 걸림돌이 되는 것입니다.[35]

③ 정체성 확립과 대중적 기반 확대

시민운동의 위기 담론은 어제 오늘의 일은 아닙니다. 그 가운데 주되게 모아지는 내용적 핵심 하나는 정체성의 위기입니다. 달리 말하면 전체 시민운등은 변화하는 내외 환경, 대중 환경 속에서 정체성의 확장에 게을렀고, 개별 단체로 말하면 정체성 강화에 안이했습니다. 이는 곧 고유한 대중적 기반의 취약성이나 대중적 친화력 부족의 문제로 나타나기도 합니다. 개별 단체로서는 장기적 존립의 문제이고, 전체 지역사회로 말하면 지역사회 건강한 통합력의 기초기반의 문제입니다.

어려운 가운데서도 민간부문, 단체들은 변화하는 상황 속에서 자기 고유한 정체성을 강화하고, 이로부터 지역사회 내에 고유한 대중적 기반을 확보, 확대하는 데 관건적 관심을 가지고 노력을 기울여야 합니다. 거버넌스 츠세에 따른 또 다른 행정편의주의, 즉 골치 아픈 것을 귀찮아하고 아무튼 거버넌스 모양새를 갖추려는 행정편의주의가 아니라면 '존재' 자체가 희미해질 단체들도 없지 않은 형편입니다.

3

지역시민사회 강화를 위한 지방정치의 과제

거버넌스는 파트너십입니다. 거버넌스 파트너십의 첫째는 민관 파트너십입니다. 지역 시민사회 역량이 든든하지 않은 채로 로컬거버넌스가 잘 작동되고 활성화하기를 바라는 것은 연목구어 격입니다. 따라서 로컬거버넌스를 활성화하기 위하여 지방정치는 지역시민사회의 향상과 그를 위한 조건의 강화와 확대를 중요한 과제의 하나로 설정하고, 구체적인 실행방안을 마련하고 실천하는 데 지속적인 노력을 기울이며 자원과 역량의 배치를 확대해야 합니다.

이를 위해 첫째로, 무엇보다 시민사회에 대한, 시민사회와 관련한 전통적이고 관성적인 관점과 인식을 극복하는 것이 선결적입니다. 현대

한국의 시민사회를 조선시대 사림의 연장선에서 바라보고 이해하는 것을 하루속히 벗어나야 합니다. 시민사회 및 그 종사자를 사림과 겹쳐보거나 등치시키는 관성을 확실히 비판적으로 해체해야 합니다. 이것은 이해利害에 대한 재이해와 함께 가는 것입니다. 민주사회에서 시민사회는 포괄적으로 시민으로서의 자기권리, 자기이해 - 정신적 가치 차원이든, 경제적 이해 차원이든, 심미적 향유 차원이든 - 를 정당하게 추구하는 것이지 결코 이해초월적이거나 탈물질적인 삶과 가치를 좇는 것이거나 심지어 이른바 공익을 위해 언제나 희생할 준비가 되어 있어야 하는 것은 전혀 아닙니다.

둘째로, 사회제도로서 시민사회의 설계와 현실 구축이 필요합니다. 시민사회 영역은 선한 아웃사이더, 강직한 - 좋게 표현해서 - 아웃사이더, 선구적인 괴짜들이 활약하는 가외의 실험적 영역이 아닙니다. 그것을 일부로 포함할 수 있는 엄연한 현실 사회구성의 중요한 한 부문이며 따라서 사회제도영역으로 이해하고, 그에 합당하게 정책을 설계해야 합니다.

그리하여 셋째로, 시민사회에 공공부문이나 경제사회 영역과 마찬가지로 공적·사회적 자원을 투자하고 또 지원해야 합니다. 이를 위해서 특히 한국사회 현실에서, 시민사회 내 부문, 영역, 혹은 이념 그룹 간에 민·민 거버넌스 내지 사회적 대화와 합의가 요청됩니다.

지역시민사회 강화를 위한 과제와 구체적인 방안들을 살펴보겠습니다.

가. 제도로서의 시민사회 정착, 강화 지원

로컬거버넌스의 활성화를 위한 기본토대로서 지역시민사회의 지속가능한 발전을 위하여 지방정치는 지역 민간역량강화 지원을 어쩌다 과제, 기분대로 과제가 아니라 항상적인 역점 과제로 삼아야 합니다. 특히 제도 차원에서 시민사회 강화 방안을 적극 마련해야 합니다.

이를 위해 적어도 다음과 같은 몇 가지 과제방안의 실행을 지속적으로 추진해야 합니다.

① 인식 전환과 공공 지원 확대

무엇보다도 시민사회가 의회, 행정부 등과 마찬가지로 '현대사회 제도'의 일부라는 관점을 명확히 하고 이 같은 인식을 사회 전체가 공유할 수 있게 다각적인 노력을 지속적으로 기울여야 합니다. 사실 이것이야말로 현대 민주주의 진화모델로서 거버넌스 패러다임을 적확하게 이해하여 로컬거버넌스 체계를 안정적으로 강화하고 지속적으로 발전시키는 데서 가장 기본이 되는 중요한 사회인식론적 기초입니다.

여전히, 그리고 아마 앞으로도 오랜 기간 행정에 비해서 상대적으로 취약한 지역민간역량을 강화하기 위해서는 시민사회와 지역사회 스스로의 연대와 협력, 교육 등의 다양한 노력이 물론 필요하지만, 위와 같은 인식기반 위에서 지방정치·행정 부문 주체들의 시민사회에 대한 인식전환과 함께 로컬거버넌스 활성화는 물론이요 지역의 온전한 존립과도 직결되는 시민사회를 포함한 민간부문역량 강화를 위해 적극적으로 공적자원 지원을 과감하게 확대해야 합니다

② 재정취약성극복 지원

한국 시민사회의 고질적인 문제이자 어려움인 재정문제를 해결하기 위한 시민사회 안팎의 고심 속에 재정취약성을 구조적으로 그리고 제도적으로 극복하기 위한 다양한 방안과 아이디어들이 제출되고 있습니다. 시민사회의 재정 인프라 확충 방안으로 사회적 금융의 조성이 필요하다는 제안이 확산되고 있습니다. 사회투자기금social investment fund의 조성이나 신용협동조합 활성화 등이 방안으로 논의되고 있습니다. 독립성을 갖춘 공익지원재단의 설립도 시민사회 재정의 취약성을 극복하기 위한 중요한 방안 중의 하나로 많이 거론되고 있습니다. 이 경우 지방자치단체가 초기재원을 투자하고 민간기부금을 결합하여 공익재단이나 지역공동체재단을 설립하되 그 운영에서 반드시 독립성과 자율성을 보장하는 것이 바람직하고 합리적이라는 데 대체로 의견이 수렴되고 있습니다.

여하 간에 시민사회의 지속가능한 발전, 혹은 그 이전에 존속을 위한 재정취약성극복을 위해, 지방정치 차원에서 제도로서의 지방정치기관의 존립이나 지역사회 공공교육, 보건의료 등의 유지를 위해 재정을 투입하는 것만큼이나 당연하고 온당하게 공공재정을 투입하거나 기타의 제도적 행정적 방법을 찾아서 지원을 확대, 강화해야 합니다.

나. 중간지원조직의 적중的中한 운영

거버넌스가 대세인 만큼이나 중간지원조직의 홍수 사태라고 할 만큼 중간지원조직 전성시대를 예감케 하고 있습니다. 그러나 이미 여기저기서 중간지원조직에 대한 경고음이 들리고 비판의 목소리가 나오고 더러는 파열음을 내고 한편에서 회의론마저 없지 않습니다.

중간지원조직은 대부분 로컬거버넌스 활성화를 위하여 그리고 시민사회 강화를 위하여 기획되고 도입되는 만큼 따라서 현장실태에 기초한 성찰을 바탕으로 중간지원조직이 애당초 기대하는 바 제 기능과 역할을 온전히 혹은 충실히 다할 수 있게 하기 위한 점검과 그에 따른 대응·대처 방안을 마련하는 노력을 지속적으로 기울여야 합니다.

① 미션 정립

중간지원조직은 자칫 지자체와 행정의 정책전달 체계로 기능하거나 자체사업 수행을 중심으로 운영되는 관성을 경향적으로 갖게 되기 쉽습니다. 따라서 이 같은 관성에 빠지는 것을 경계하고 인프라와 네트워크 지원 중심으로 시민사회 역량강화와 교량 역할을 위한 중간지원의 기능에 충실하게 운영되도록 선제적으로 미션을 분명히 해야 합니다.

한국보다 앞서 중간지원조직이 발달한 미국이나 일본 등에서도 중간지원조직의 대표적인 역할로 연대와 네트워킹, 인적자원관리와 조직발전 지원, 재정 지원, 연구와 정보수집·전파, 정부·기업과의 교량역할 등을 강조하고 있습니다.

② 중간지원조직 일몰제 도입

지자체 상황 등으로 특정 정책사업 추진을 위한 정책전달 중간체계로서의 역할, 즉 사업수행형 중간지원조직이 현실적으로 불가피할 경우에는 조직설립 시에 그 지원기관의 사업목적을 내외에 분명히 할 필요가 있습니다. 그와 함께 목적완료 기간을 시한부로 명시하여 설립목적 완료 시에 혹은 설립 시 정한 기간이 경과하면 자동 해산하도록 하는 것이 바람직합니다.

③ 순환보직제 도입

시민사회 활성화와 강화 지원을 위한 취지로 설립되는 중간지원조직 운영과 관련하여 현실에서 나타나는 문제 가운데 하나로 생계형 활동가가 증가하고 관료조직의 말단 실무자화 하는 현상에 대한 지적들이 자주 제기됩니다.

실제로 다양한 영역에서 중간지원조직들이 설립되고 각종 정책사업의 수행을 위해 현장활동가들이 유입되면서 직접 주민들과 함께 현장에서 호흡하며 주민공동체의 일원으로 생활하고 활동하는 현장활동가들의 기근현상이 심각해지는 사례들이 일부 지역에서 나타나고 있습니다. 안 그래도 인적 자원의 부족으로 어려움을 겪는 지역일수록 이 문제는 매우 심각한 양상을 띠기도 합니다. 애초 취지에 역행하는 이 같은 현상을 경계하고 선제적으로 이를 방지할 수 있는 대책으로 순환보직제가 중간지원조직 및 유관 현장에서 거론되고 있습니다. 중간지원조직이 확대되는 추세인 만큼 역기능의 방지를 위하여 순환보직제를 실정에 맞게 적극 도입할 필요가 있습니다.

다. 시민사회 역량강화 지원

① 주민학습동아리, 네트워크모임 등 활성화

거버넌스 파트너십의 한 축이 되는 시민사회의 기초토대를 키우고 튼튼히 하기 위해서 다양한 형태의 주민학습동아리를 다기한 방안과 방식으로 지원하고 장려해야 합니다. 특히 공공성을 띠는 시민사회 내 그룹들이 매우 취약한 지역에서는 이 같은 방안들을 적극적으로 개발하고 시행할 필요가 있습니다. 이를 통해 주민들이 참여의식을 키우고, 자치와 협력, 파트너십의 가치와 방법을 배우고 익힐 수 있는 기회를 적극 확대해야 합니다.

나아가 학습이 조직화와 실천으로 연계되어 실질적인 시민의 성장과 역량강화로 발전할 수 있도록, 이를 테면 동아리 발표대회, 학습연계 지역활동아이디어 경진대회 등 연계후속 프로그램을 개발하여 지원하는 것이 바람직합니다.

② 민간 거버넌스교육 확대

민간의 거버넌스 역량강화를 위한 교육의 지속적인 확대를 추진하고 지원해야 합니다.

시민교육, 평생학습, 전문교육, 학교교육 등 다양한 형태의 교육프로그램을 통해 시민들이 거버넌스의 가치나 의의, 방법을 학습할 수 있는 기회를 제공하고 확대해야 합니다. 실정에 따라 행정이 선도적으로 교육을 시행할 수도 있고 민간이 시행하는 거버넌스교육, 광의의 민주시민 교육을 지원할 수도 있습니다.

또한 민관이 합동으로 참여하는 거버넌스교육을 적극적으로 시행하고 이의 일환으로 민관이 함께 거버넌스선진지 견학워크숍 기회를 마련하는 것도 매우 효과적입니다. 거버넌스의 요체는 파트너십인 바, 로컬거버넌스 기반 강화를 위해 업무와 사업상으로 관련 있는 민과 관이 함께하는 참여형 교육은 필수과정으로 간주해야 합니다. 같은 취지에서 지역 내에 자발적인 민관파트너십의 거버넌스단체들이 있는 경우라면 그 활동에 대해서 행정적, 재정적 방안을 포함하여 다양하게 지원하고 단체들 간의 네트워크를 촉진하고 격려, 응원하는 것이 필요합니다

라. 민·민 협력 확대를 위한 거버넌스 역량 배치

성급한 거버넌스정책 추진과 과욕이 민간의 자치와 협력의 촉진·지원자 역할이 아니라 경쟁과 갈등의 매개자로 작동하지 않도록 또한 주의를 기울여야 합니다. 시민참여를 방법으로 한 여러 영역의 정책들이 중앙정부 매칭펀드 지원사업 등과 맞물려 경쟁적으로 펼쳐지면서 영역 간의 칸막이 현상과 대상주민의 중복현상 등이 지역 거버넌스 현장에 피로감을 쌓이게 하는 원인이 되고 있기도 합니다.

아울러 공유목표의 실현을 위한 협력적 관계의 형성이라는 거버넌

스의 지향을 강화하기 위하여, 예상되는 민·민 갈등에 대해 선제적인 대응노력이 필요합니다. 지방정부의 거버넌스관련정책이 활발해지면서 민·민 갈등과 칸막이가 도전으로 등장하는 사례가 자주 발생하고 있습니다. 민간 주체들 간에 자원의 배분을 둘러싼 줄서기, 경쟁과 갈등관계의 측면이 도드라지거나 정책수혜자 집단과 새로운 정책대상 집단 간에 세대적 차이나 사회문화적 배경의 차이, 사회 문제를 바라보는 견해나 입장 차이 등으로 인한 갈등이 확대, 고착되지 않도록 선제적으로 거버넌스역량을 투입하는 등 지역 정치행정의 정책적 대응과 노력이 필요합니다.

마. 기업부문 향상여건 조성 및 지원

민관 파트너십에서 민간 부문은 시민사회 영역만이 아니라 경제사회 영역도 아우릅니다. 그래서 거버넌스는 민관 파트너십 모델에서 확장하여 펼치면 정부·기업·시민사회의 정립과 협력 모델이라고 하는 것입니다. 거버넌스를 주창하면서 경제사회, 기업 부문의 참여와 파트너십을 고려치 않거나 배제한다면 이는 천상 반쪽자리 거버넌스일 수밖에 없고, 반쪽짜리 거버넌스란 결국 거버넌스가 아닌 것이 되지 않을 수 없습니다.

따라서 온전한 로컬거버넌스 활성화와 기반 강화를 위하여 지방정치에서는, 특히 한국의 지방정치에서는 더욱더 거버넌스 주체로서 기업부문의 향상과 그 여건 조성에도 각별히 힘써야 합니다.

① 인식의 전환

기업에 대한, 기업 부문에 대한 안팎의 인식의 전환, 즉 기업 안팎에서 바라보는 기업의 정체성에 대한 새로운 인식의 확립이 요청됩니다. 그것은 한 마디로 단순한 이윤기계, 그냥저냥한 이익추구자, 탐욕적인 이익집단이 아니라 '기업시민'으로서 정체성을 재구성하는 문제입니다.

② 기업시민의 위상 제고

기업시민으로서 정체성을 재구성하고 확립하는 것을 기초와 전제로 하여 기업의 사회정치적 위상을 제고하고 공동체의 한 구성부문으로서 정치사회적 발언권, 참정권을 합당하게 인정하고 존중하고 또 확고히 해야 합니다.

③ 기업모델의 진화 지원

기업 또한 부단히 진화하고 있습니다. 근대기업, 현대기업의 탄생시기의 기업의 전형, 모델을 벗어나 새로운 가치, 새로운 철학과 더불어

변화하고 성숙해가는 것입니다. 새로운 사회 구성을 선도적으로 창출하며 민주주의의 발전과 공동체 구성원들의 향상과 동행하거나 때로 그를 견인하는 기업 모델, 비즈니스 모델의 진화·창조를 지지, 지원, 촉진, 확산하며 이를 제도화·구조화하는 기반을 만들어야 합니다. 예를 들어, 사회적경제 모델과 기업들, 공공형 플랫폼 기업, 비콥B-corp, benefit corporation 모델[36] 같은 것들입니다.

④ 소상공인 그룹 지원

로컬거버넌스 활성화정책 관점에서 소상인공인 그룹을 적극적으로 지원하여야 합니다. 소상공인 영역은 경제사회 정책에서도 주목도가 떨어지는 것이 일반적이지만, 실제 지역 경제사회에서 소상공인의 비중은 작지 않으며 이들은 지역 시민사회와의 접촉면도 넓습니다. 그리고 일반적으로 소상공인은 시민사회 이상으로 취약영역입니다. 따라서 통상적인 지역경제정책 차원의 직접적 지원 외에 교육, 조합 또는 유관 주체 간 교류 촉진, 우수사례의 공유 등 간접적 지원을 다각적으로 강화해야 합니다.

7장

로컬거버넌스 총괄체계 :
'다음'을 내다보며

거버넌스 지방정치론

1
민주주의 진화의 현실태

가. 의제를 꺼내며

로컬거버넌스 총괄체계를 고민하고 모색한다 하면, 해야 할 이야기가 적지 않습니다. 본론에 들어가기 전에 제안의 이해를 위한 사전적 논의와 설명이 많이 필요하다는 이야기입니다. 말이 거버넌스 총괄기구 구성이지, 현대 행정패러다임 나아가 현대 정치패러다임의 변동, 근대 대의정치체계의 확장, 혹은 잠정적 변경 수준의 전제 논의를 피할 수 없습니다. 즉, 현대 민주주의, 민주주의 정치행정의 이념과 원리 및 실제에 대한 이해, 거버넌스 패러다임을 부르는 역사적 요청 또는 시대·사회 환경 변화 및 사회운동 상의 요청, 인류진보의 도저한 흐름, 거버넌스란 궁극적으로 무엇인가 하는 개념 규정이나 본령, 그 원리 등에 대한 해명이 전제되는 것입니다. 그러나 이참에는 위와 관련한 것은 앞선 부분에서 이야기한 수준에서 기본 이해로 깔고 가는 것으로 하고, 여기서는 주제에 최대한 집중하겠습니다.

언급한 주제의 성격, 위상, 의미 맥락으로부터 자연스레 나올 수 있는 이야기겠습니다만, 이 주제에서는 상상력, 정치적 상상력과 사회운동적 상상력을 중요한 방법적 원천과 논리적 도구로 활용하겠습니다. 무릇 패러다임 차원에 걸리는 의제는 단순한 귀납이나 연역 만으로는 도출이 쉽지 않고, 따라서 그 전개에서도 상상력이 매우 긴요합니다. 거버넌스 자체를 우리는 패러다임, 즉 현대 민주주의의 진화 - 궁극에는 도약 - 모델로 설정하고 접근해 왔으며, 따라서 패러다임 구체화의 총화 내지는 집중점일 수 있는 거버넌스 총괄체계 구상에서 정치적 상상력과 사회운동적 상상력의 발동은 필수, 필연이라고 하겠습니다

거버넌스는 패러다임이고, 현대 민주주의의 진화 모델이되, 그 경로는 민주주의 심화 – 진화 - 도약 내지는 비약이라는 경로를 밟는 것이라 하였습니다. 은유컨대 차분한 혁명, 혁명이상의 차분한 혁명입니다.

그렇듯이, 총괄기구 내지 총괄조정기구[37]의 구성과 운영에서도 단계적 접근은 고려해야 할 것입니다. 총괄기구는 무엇보다 '주체의 성

숙' 없는 제도의 기획, 제도의 도입만으로 불가능합니다. 그리고 주체의 성숙은 개인에게는 혹 도약이 가능하겠으나 집단이나 공동체 수준에서는 그 역시 점진漸進의 과정을 담보로 합니다.

따라서 로컬거버넌스를 활성화하고 그 수준을 제고하려는 적극적인 주체의 입장에서는 끊임없는 '과정의 기획'과 '비전의 제시'라는 관점을 놓치지 않아야 합니다.

나. 선제적 이슈·쟁점들

주제에 집중하자 했습니다만 그럼에도 불구하고 전제적 쟁점 또는 선제적 이슈 몇가지는 가볍게 짚고 가는 것으로 하겠습니다.

① 정치행정 철학 내지 이론의 맥락

로컬거버넌스 총괄체계를 구상할 때는 우선 현대 민주주의의 이념 및 원리의 문제에 걸리게 됩니다. 다시 말해서 민주주의 이념과 원리 확장의 상상력과 관점의 재구성이 요청됩니다.

먼저, 현대 민주주의 이념의 확장이 요청됩니다. 근대 민주주의 확립 시기에 그 핵심 이념이 '인민주권=주권재민과 보편적 인권'이었다면, 우리는 이제 '자아실현과 향상'으로서의 민주주의로 확대하여 마땅하다고 이야기하겠습니다. 그 연장에서 우리는 국가 이념을 또한 '민주주의 구현'에서 한 단계 상승하여 '휴머니즘의 구현', 열린 휴머니즘의 구현[38]으로 고도화 하는 것이 마땅하다고 이야기하겠습니다.

다음으로, 현대 민주주의 정치적 원리의 확장이 요청됩니다. 민주주의 실현을 담보하는 주된 정치적 원리로 권력의 분립과 견제를 강조하였다면, 이제는 그에 더하여, 권력의 축소·분할과 연대·협력, 창조적 조정, 그리고 이에 더하여 개인과 공동체의 열린 융합으로 확대하여 마땅하다고 이야기하겠습니다. 아울러 현대 행정의 핵심 이념 관련해서는 민주성과 동시에 효율성을 금과옥조로 하였다면, 이제는 더하여 '교육·치유성'을 행정의 이념으로 검토할 때라고 이야기하겠습니다.

② 한국의 정치행정현실 맥락

우리가 발 딛고 있고 이 글과 제안을 배태시키고 또 실현의 대상지이기도 한 한국의 정치행정 현실 맥락도 물론 선제적 검토 이슈입니다.

첫째, 한국 정치현실의 맥락이 있습니다. 현실 한국정치에서는 합의가 오롯이 작동하지 않고 있습니다. 조정이 이루어진다면 오히려 예외적입니다. 분권이 정치 생활의 원리로 정착되지 않고 있습니다.

무엇보다 한국의 중앙정치, 여의도 현실정치는 스스로의 변화와 혁신의 동력, 그 가능성마저 사실상 거의 소진하였다고 보는 것이 안타

깝지만 실상에 더 가깝다고 하지 않을 수 없습니다. 그리하여 중앙정치의 혁신을 견인하고 촉발하는 외부동력이 절대로 필요한 것이 현실의 실정입니다.

둘째로, 한국행정현실의 맥락이 있습니다. 한국 정치의 거울 학습 효과라고 할 수 있을지, 분권은 작동하지 않고 전통적으로 현실적으로 상상력의 제약은 과잉입니다. 관습과 관성에 과도한 지배를 받고 있는 것이 한국행정현실의 실정입니다.

셋째로, 더하여 지역현실의 맥락이 있습니다. 지방자치가 매우 취약합니다. 하물며 주민주권의 자치, 지역주권의 분권은 아직도 너무 먼 당신입니다. 여전히 교과서의 고담준론처럼만 느껴집니다. 현실 공간에 더하여 사이버 공간까지 확장하며 갈수록 심화하는 글로벌 경쟁의 격화 속에서 갈수록 위축되고 위기가 일상화한 지역의 절박한 현실에도 불구하고 답답한 중앙정치행정 현실이 지역 정치행정에 이식되고 투영되어 있습니다. 그럴수록 변화와 혁신의 요구, 로컬거버넌스의 활성화에 기초한 글로벌 비전의 추구, 즉 글로컬거버넌스의 추동이 더욱 더 절실한 현실의 실정입니다.

③ 제안의 의의

지역적 편차에도 불구하고 로컬거버넌스의 적중하는 돌파가 필요합니다. 궁극에 그것은 제대로 된 모델, 온전한 로컬거버넌스 모델의 작성을 요구합니다. 이는 마침내 거버넌스 본령에 대한 적확한 이해를 선先요구하지 않을 수 없습니다.

그렇다면 로컬거버넌스 총괄기구 모델의 제시를 통한 거버넌스의 본령과 의의에 대한 적확한 시각과 비전의 제시며 그것을 이해하고 공유하기 위한 노력을 또한 피할 수가 없습니다. 사실은 이를 통해, 어쩌면 이를 통해서만이, 신드롬에 빠졌다 하는 로컬거버넌스의 정상화와 활성화 과정을 온전히 그리고 가장 효과적으로 촉진할 수 있을 것입니다.

이로써 우리는 거버넌스 주체의 성숙을 촉구하면서, 과정의 패러다임에 대한 이해를 강화하고, 로컬거버넌스 비전의 창출·공유와 실정에 맞는 다양한 과정의 기획 및 단계상승을 또한 능히 부추길 수 있으리라 기대하는 것입니다.

2

로컬거버넌스에서 총괄체계의 위상과 인도引導 원리

가. 총괄체계의 위상, 의의, 함의

거버넌스 총괄체계[39]를 구체적으로 구상하고 로컬거버넌스 총괄기구를 구성한다는 것은 현대 민주주의 진화 모델이자 새로운 정치행정 패러다임으로서 거버넌스 패러다임이 도입되고 실행되는데서 한 매듭, 총화의 한 지점, 즉 거버넌스 패러다임 전면화의 진입지점에 이른 것을 의미하는 것이 될 것입니다. 이 지점부터는 더 이상 거버넌스를 행정의 문제나 단순한 참여행정으로 보지 않게 될 것입니다. 비로소 정치의 문제, 민주주의 진화 모델로서 온전히 이해하고 수용하고 또 운용하게 될 것입니다.

로컬거버넌스 총괄기구 내지 총괄조정기구는 말 그대로 로컬거버넌스 총괄체계의 축으로서 지역차원에서 공동체 의사, 의지를 총괄적으로 조정하고 통합하는 역할과 기능을 수행할 것입니다.

로컬거버넌스 총괄조정기구는 주민의 직접 선출에 의하여 구성되고 그 선출위임의 주권대표성에 근거하여 지역공동체 전체에 걸치는 범위에서 정치적 정당성(권한과 책무)을 구유具有하는 지방의회와 병존하면서 현단계 대의민주주의를 상시적, 체계적으로 보완하는 진화한 현대민주주의 프로그램의 일부분이 될 것입니다.

나. 원칙 방향

위와 같은 거버넌스 총괄체계를 도입하는 데 이르는 근대 대의민주주의 진화의 원칙적 방향을 다시 한 번 가볍게 짚고 가는 것이 거버넌스의 지속적 발전과 고도화 방향을 이해하고, 당장 로컬거버넌스 총괄기구 구성을 예비하는 마당에 구상과 기획을 준비하는데 매우 주효하리라 봅니다.

첫째 원칙 방향은 '제도정치의 축소, 공동체정치의 확대'입니다. 제도정치의 축소는 대의제 정부나 의회의 낡아 빠진 특권을 철폐하는 것은 당연지사요, 불필요한 과잉한 권한, 나아가 고유한 배타적 권한을 최대한 줄이면서 한편 시공간의 압축, 집단커뮤니케이션 비용 감소 등 정치 사회 환경변화를 주목하고 타산하면서 민주주의의 근본이념에 비추어 부단히 원천적으로 조정해 나가는 것을 이릅니다. 공동체정치의 확대는 공동체 전체, 공동체 구성부문, 공동체 구성원들의 정치실행역량을 확대하고 공동체 정치활동의 방식과 범위를 다양화하며 확장해 나가는 것을 가리킵니다.

둘째, 주체의 향상, 공동체의 성숙입니다. 무엇보다 이를 부추기고 드높이기 위한 창의적인 제도창안이 다기하게 그리고 다원적으로 요청됩니다. 주체향상의 핵심요소는 물론 '자율과 책임'이고, 창의적 창안이 필요한 것은 바로 공적 권한과 책임의 원천, 배분형태, 소명방식 등에 대한 근본에 육박하는 재해석과 상식적 관습과 관성을 뛰어넘는 논리·제도 및 방안들입니다.

셋째, 부단한 '비전의 제안 및 갱신'과 '과정의 설계'가 요청됩니다. 이는 곧 끊임없는 철학사상적 이론적 제도적 실천적 경계의 확장과정, 그리고 그 축적으로서 경계 너머 '다른 경계'로 진입해 가는 경로입니다.

다. 인도 원리

거버넌스 총괄기구와 그 구성을 인도하는 원리는 이쯤이면 새로울 것이 없습니다. A부터 Z까지, 시종하여 거버넌스 본령과 원리에 충실하게 하는 것입니다.

첫째, 기구 설계에서 거버넌스적 구성을 관철해야 합니다. 즉, 부문영역 간 파트너십이 구성을 규준하는 원리의 으뜸입니다.

둘째, 기구 구성과정에서 거버넌스 원리에 충실해야 합니다. 즉 기구 구성 논의와 결정과정에 부문영역 간에 '참여와 합의', '조정과 통합'의 거버넌스 문화원리가 작동해야 합니다.

셋째, 기구 입규, 규율의 작성과 확립에 거버넌스 원리가 명료하게 투영되고 유지되어야 합니다.

3
로컬거버넌스 총괄체계 구성과 운용

　로컬거버넌스 총괄체계의 의의와 기대 역할이 아무리 막중하다 하여도 막상 현실에서 실제로 로컬거버넌스 총괄기구를 구성하고 운영한다는 것은 결코 간단한 일이 아닙니다. 근대 대의민주주의가 도입된 지 채 100년이 되지 않았고, 그리고도 대의제 민주주의 원리에 따르는 이른바 절차적 민주주의가 확립된 지 이제 한 세대가 지나고 있는 우리 현실에서 더욱 그렇습니다. 그럼에도 가야할 길이고, 2차대전후 현대사에서 예외적이라고 할 만큼 놀라운 민주화 성취의 역량을 보여준 한국이, 한국의 사회운동이 선도성을 발휘하여 글로벌거버넌스의 진전에 기여하는 모델 사례를 작성하는 길이 될 수도 있을 것입니다.

　뜻과 힘과 슬기를 모아서 로컬거버넌스 총괄체계를 구성하고 운영하는 역사적 진보를 기껍게 천착한다면 이 아니 기쁘고 보람된 일이겠습니까?

가. 총괄체계 실제구성 예시

　로컬거버넌스 총괄기구 구성은 개념적으로 2단계로 나누어 그릴 수 있습니다. 물론 실제에서는 반드시 2단계를 거쳐야 하는 것은 아닙니다. 다만, 로컬거버넌스의 종합적인 추진을 구상하고 기획하는 일반적인 경우라면, 2단계 구성방안이 지역 내에서 거버넌스의 체계적인 발전, 심화과정을 지속성 있게 그리고 비저너리하게 담보하는 데 매우 효과적일 것입니다. 특히 현재 로컬거버넌스의 대세흐름 가운데, 사실상 시정 자문위원회에 다름 아닌 협치위원회를 구성하고는 이를 최고 로컬거버넌스기구인 양하는 경우가 많아 오히려 거버넌스의 적확한 이해를 흐리고, 결과적으로 로컬거버넌스 발전과 진화에서 의도치 않게 거버넌스 (잠재)주체들에게 거버넌스에 대한 혼란과 회의감 등 부정적인 영향을 초래하는 경우도 없지 않은 실정임을 감안하면, 로컬거버넌스 총괄기구 모델 상을 2단계로 제시하는 것이 현실적으로 매우 쓸모가 있겠습니다.

① 로컬거버넌스 종합적 '촉진' 기구 : 지역거버넌스발전위원회

　로컬거버넌스 총괄체계 예비단계 기구로 지역거버넌스발전위원회를 구성, 운영할 수 있습니다. 지역거버넌스발전위원회 구성멤버는 지역 사회에서 거버넌스에 대한 이해가 높은 인사, 기획과 조정·균형력을 갖춘 인사로, 부문을 유의하여 가능한 다원적 배경에서 구성한다는 정도의 기준에서 선정할 수 있습니다.

　지역거버넌스발전위원회의 주요한 기능과 역할은 해당 지역의 로컬거버넌스 발전을 위한 (총괄적)정책수립, 연구, 교육, 캠페인 등을 자문하고 기획하며, 평가·보고까지를 아우르되, 세부적인 역할범위나 사업활동방식 등은 역시 지역실정에 맞게 추진해야 할 것입니다. 특별히 로컬거버넌스의 비전에 대한 지역사회의 논의와 합의를 조직하고 작성하는 것은 내재적으로 담지할 역할이 될 것입니다. 물론 마무리 단계에서는 로컬거버넌스 총괄기구 구성·운영 추진을 위한 로드맵을 작성하고, 초기 추진단위 역할까지 해야 할 것입니다.

② 로컬거버넌스 총괄 '조정' 기구 : 지역조정위원회

　로컬거버넌스 총괄기구로서 지역조정위원회(가칭)를 구성합니다. 지역조정위원회는 지역 내 부문·영역의 온전한 대표조정체계로서 부문·영역의 의사·의지를 담보하고 입규에 대한 충실한 합의(제도화)를 전제로 구성하는 것입니다.

총괄기구는 지역공동체 전체의사의 조정·통합을 강화하는 것을 주된 임무와 역할로 하여, 일상적으로 지역공동체의 최종의사의 결정단위인 의회 및 정부의 의결과정을 보완하면서 공동체의 정치역량으로 의결력을 실질적으로 분점하고, 그로써 공동체 의결의 집행력 보장을 높은 수준에서 지원할 것입니다. 아울러, 임기제로 선출되는 의회와 함께 장기적인 호흡에서 지역비전의 관리 기능을 수행합니다.

총괄기구 프로그램의 기획과 운영에서 핵심 이슈로는 세 가지 정도가 대두될 것입니다.

첫째, 의회와의 관계 및 기능의 조정·분담

둘째, 집행력의 담보 체계(행정과 관계)

셋째, 부문영역 대표성 담지의 정도와 방도

세 가지 이슈 다 결코 간단치 않습니다. 기술적인 문제 외에 기관의 본원적 성격과 위상, 권한과 책무에 걸리는 부분들이 있기 때문입니다. 다시 말해서 '민주주의 정부구성'에 걸릴 수 있는 문제이기 때문입니다.

나. 총괄체계 운용 시 기조

　로컬거버넌스 총괄체계는 현대 대의제 민주주의체계에서 미답의 영역이고, 그 영역을 기획하고 구성하고, 온전히 운영하는 것은 곧 민주주의의 새로운 경계, 경지에 발을 딛는 일입니다. 그리고 우리가 다 아는 것처럼, 역사의 발전·진보는 언제나 익숙한 과거에서 낯선 미지의 미래로 흘러가는 것이고, 그 순간 낯선 미지의 세계는 조만간 익숙한 터전이 될 것이고, 그 터전에서 더 나은 세상, 보다 인간다운 세상의 꿈이 한 땀씩 영글고, 인류는 더 높은 단계에로 향상의 길을 열어왔던 것입니다. 언제인가, 다만 가이 없는 영원한 지향으로서 궁극의 그 경지까지 이 같은 과정은 또한 무한히 확장될 것입니다.

　지금의 시점에서 얼마간에 과장을 품는 듯이 말하면, 로컬거버넌스 총괄체계를 기획하는 정신적 기조에는 '인류사, 민주주의 문명사를 선도한다'는 명료한 자의식, 자존감이 함께 해서 좋을 일입니다.

　위 이야기를 포함하여 내내 강조하였듯이 제도, 입법에 선차하는 주체, 주체 성숙의 관점을 다시 한 번 분명히 해야 할 것입니다. 따라서, 기계가 아니라 사람이 하는 일임에야, 그것도 낯선 혁명이 아니라 일상의 차분한 진화임을 분명히 하는 터에야, 숨차서 가지 못하면 잠시 섰다 가도 좋을 일입니다. 한 순배 숨을 고르고 가거나 첫걸음부터 새로 시작할 수도 있을 것입니다.

그리고도 일관되이 거버넌스 문화 원리에 대해 부단히 환기하고 적용하면서 체화하고 축적한다는 관점, 그와 같은 노력이 함께 해서 좋을 일입니다.

[결]

:

남는 과제, 남기는 물음들

1. 남는 과제, 남기는 화두

 거버넌스는 정치의 문제입니다. 로컬거버넌스는 지방정치 혁신의 문제입니다.
 내 지역에서 새로운 지방정치를 어떻게 할 것인가? 거버넌스 지방정치를 어떻게 시작할 것인가?
 지방정부와 중앙정부가 파트너십 관계이듯이 혹은 그 이상으로 지방정치 혁신은 곧 한국정치 혁신의 문제입니다. 거버넌스국가의 정치는 이전과는 '다른' 정치이고 거버넌스 다원영역체제 휴머니즘 사회는 한 단계 성숙하고 도약하는 '다른' 미래입니다. 국가도 사회도 사람이 주인이고 혁신도 주체의 일입니다.

그렇다면, 다른 정치, 다른 미래를 위한 주체의 연대, 다른 전망을 제시하고 과정을 기획하며 실행을 통해 미래를 현실에서 일구어가는 사회·정치 혁신네트워크를 만드는 일이 과제가 아닐 수 없습니다.

아마도, 필경, 국가사회공동체 운영의 패러다임 즉, 특정 사회체제를 운용하는 사회주체의 확립은 곧 주체문화의 성립, 보편화와 함께 하는 것일 것입니다. 거버넌스 문화의 핵심 가운데 으뜸은 '자율과 책임'이라 했습니다.

인간은, 우리는 그룹, 부문·영역 수준에서 온전히 '자율과 책임'을 구현할 수 있는가? 혹은 어느 수준에서? 오늘날과 같은 중층 융복합 고도기술사회에서 우리는, 당신들과 나, 당신과 나들, 우리들은 안전과 안보의 문제를 자율과 책임의 파트너십 체계로 어느 수준에서 감당하고 대응할 수 있겠는가…? 지금은 어디 연꽃 만나러 가는 바람결엔 듯 화두로 남깁니다.

2. 마지막 물음들

거버넌스는 본령에서 행정의 문제가 아니라 정치의 문제입니다.

거버넌스는 확장된 정치의 문제이고 정치를 확장하는 문제입니다.

거번넌스는 정치를, 정치의 문제를, 정치권력을 근대적인 제도권정치에서 미래공동체 일반의 정치로 확장하는 문제입니다.

거버넌스는 미래 정치의 의미와 의의를 공동체 구성원들의 다양한 삶의 양식의 지지支持, 삶의 양식의 연대의 문제로 높이는 문제입니다.

거버넌스는 궁극에 선진화한 다원적 문명국가, '휴머니즘 다원영역 사회운영체제' 로 나아가는 길입니다.

그리고 거버넌스는 본성적으로 과정적 패러다임입니다.

거버넌스에 주체의 성숙 과정을 우회하는 비약은 없으며, 따라서 바깥에서 주어진 완성의 시간, 달성지점 따위도 썩 잘 어울리지 않습니다. 시대 또한 이미 양에서 질로, 질에서 격格으로, 그리고 성장에서 성숙으로 주안主眼이 이동하거나 동시 주안을 요청하는 역사의 도정에 들어서고 있습니다. 맹목적인 성장제일주의, 극단적인 성과지상주의가 긴긴 그림자를 끌며 서서히 서서히 뉘엿뉘엿 저물고 있습니다. 저물어 갈 것입니다. 인간의 역사가 한단계 성숙한 사회발전과 원숙한 진화의 길로 향하고 있습니다. 향해 가야 합니다. 그 길에 거버넌스 패러다임이 동행하는 것입니다. 그리 하려, 그리 하자, 합니다.

시대의 변화, 민주주의 진화의 흐름 속에 거버넌스 패러다임에 올라앉아 가만히 돌아보며 물음을 던집니다

나에게 우리에게 지역공동체는 무엇인가? 무슨 의미인가?

나는 지역공동체 내에서 나/내가 속한 부문·영역, 그것이 행정·의회이든 일반시민단체든 교육부문이든 복지부문이든 산업분야든 문화예술분야든 종교영역이든 또 무엇이든, 그 부문 영역의 위상과 그에 따른 역할에 대해 성찰하는 자의식을 갖고 있는가?

내가 속한 부문·영역의 조직원리, 작동의 원리와 그 자원의 원천, 그것이 선거를 통한 주민의 정치적 위임에 따른 공식 권위와 예산이든, 자본이든, 가치지향이든 또 무엇이든, 그에 대해 자각하고 있는가? 동시에 다른 부문·영역의 그것에 대해 생각하며, 차이와 공통점에 대해 이해하고 설명할 수 있는가? 그리고 궁극에 나를 포함한 저마다의 생존과 활동의 동력은 각자의 '고유한 욕망'임을 자각하고 있는가?

내 지역, 우리 지역 공동체 내의 각 부문·영역들의 위상과 역할, 원리와 자원 등은 절대적인 것이 아니라 크든 작든 상대적인 것이며, 그 모두의 원천과 근거는 지역공동체와 공동체 성원들의 존재와 공동체의 지속가능성임을 의식하고 있는가?

도저한 역사의 흐름, 나와 내 이웃과 그리고 살아 있는 것들의 본 데 자리와 가이 없는 미래를 아득히 내다보며 또 다른 물음을 떠올립니다.

절대적인 구조, 절대적인 제도는 없으며 시대흐름과 사회발전에 따라 변화하고 발전하는 것임을 능동적으로 의식한다는 것, 역사의식을 간직하는 것은 어떠한가?

고정된 것, 원래 그런 것은 없으며, 언제나 어디서나 변화와 향상이 가능하고, 혁신하여야 향상할 수 있고, 사실은 그것이야말로 살아있는 것, 생명의 본성임을 알아채는 것은 어떠한가?

저마다의 삶, 삶 전체는 단 하나도 똑 같은 것이 없이 차이 그 자체이며 우리들의 삶의 양식과 가치들은 다양하고, 다양하여야 한다는 것에 늘 깨어 있는 것은 어떠한가?

그런 중에 나는 어떻게 살고, 공동체 내에서 타인과 공동체 전체와 어떻게 관계하고자 하는가?

모든 사회구성원들이 '저마다의 관심, 저마다의 위치, 저마다의 색깔 따라 저마다 원융한 인격으로의 향상'을 꾀하는 것을 복돋는 사회적 에너지의 창발을 적극적으로 전망하는 신복지사회, 그리고 차이를 다만 차이로 인정하면서 모두가 자유롭게 자아실현하는 성숙한 휴머니즘 사회체제의 지향과 함께하는 거버넌스국가를 향하는 치열하고도 신명나는 꿈의 길에서 꿈같은 물음들 가만이 묻습니다.

세사에 시달려도 번뇌는 별빛이라.

덤

사례를 통해 나아가다

거버넌스 지방정치론

로컬거버넌스 사례1

제도를 이기는 문화의 힘 ;
홍성군 거버넌스 홍성통

홍성군 거버넌스 '홍성통'은 관(행정)과 민간이 자유롭게 수평적으로 참여하는 소통과 논의의 공간으로, 자율과 조정의 거버넌스 문화의 정수精髓의 일단을 보여주면서 거버넌스의 본질과 힘을 보여주는, 특히 한국의 지역 현실과 풍토 속에서는 매우 예외적으로 빼어난 로컬거버넌스 사례임

1. 추진 배경

- 홍성군(군수 김석환)은 고령화와 인구감소가 급속도로 진행되는 농촌의 현실에 맞서 민·관 협력과 행정혁신의 기반 위에서 지역이 갖고 있는 농업의 잠재력을 토대로 한 친환경농업 육성과 농촌환경의 획기적 개선을 통해 살기 좋은 고장을 만들어 귀농귀촌 1번지 홍성을 만들기로 지역 비전을 세움

- 도시 지역에 비해 상대적으로 낙후된 농촌지역의 현실을 타개하기 위한 농촌개발 시책을 추진해 왔으나 고령화하고 시대적 흐름에 상대적으로 덜 예민한 농업인들을 대상으로 각종 사업을 전개해도 투입 대비 효과가 미비했음
- 특히 원주민들과 귀농귀촌인들은 물과 기름같이 섞이지 않으면서 공동체의식이 결여되어 시책추진 시 애로점이 되었음
- 이에 김석환 군수는 지역을 변화시키기 위해서는 어느 한사람이 아닌 지역주민이 변화해야 한다는 생각으로, 현실을 극복하기 위해 주민역량강화 교육과 지원 사업을 병행 추진하였음
- 전국 최초로 농촌개발 전문직위제도 도입 및 마을공동체팀 신설 등 맞춤형 정책개발과 지원을 통해 지속가능한 농촌모델을 추구하면서, 자율적인 민·관 소통의 논의 테이블을 만들어 민간단체와 행정, 지역민 등 다양한 지역 주체들이 대등하게 참여하는 가운데 지역의 문제와 활로를 함께 고민하고 모색하고, 해결책과 아이디어를 찾아내어 11개 읍·면이 동반성장하는 계기를 마련하고자 자율 조정의 열린 거버넌스 '홍성통'을 운영함

2. 추진 경과

- 평소 농촌이 갖고 있는 현안문제해결을 위해서는 현장의 목소리를 정확히 듣는 것이 필요함을 강조해 온 김석환 군수는 중앙정부 정책방향이 농업에서 농촌으로 전환되는 시기인 2011년 친환경농정 발전기획단을 구성하여 지역의 주민과 역량, 자원을 중시하면서 또 외부적 지원과 다양한 주체간의 네트워킹 필요성을 인식하고 민관 협력체계 구축의 일환으로 2013년 '홍성통'을 추진하였음
- 지속적인 월례회의를 통해 지역사회의 현안문제와 미래과제를 민관 파트너십으로 함께 논의하고 찾아 가는 가운데, 2015~16년 중점과제였던 '마을만들기 지원시스템'이 구축됨에 따라 연계과제 발굴과 지원을 위한 격월 포럼을 운영하였고, 2017년 청년정책에 대한 선제적 대응을 위해 청년정착지원시스템 구축을 위한 공동학습을 진행하고, 이에 따라 청년통 분과를 신설하여 운영하였으며(청년통, 관광통, 교육통 분과 운영), 2019년 현재 시점 '사회적 농업'을 주제로 격월 학습 및 토론을 진행하였음
- '홍성통'은 행정(측) 간사, 민간(측) 간사 2명이 실무를 맡고 있으며, 2019년 기준으로 마을만들기, 농촌관광, 사회적경제, 도시재생 등 행정 21개과 민간 183개소가 참여하는 등 활발한 활동을 통해 로컬 거버넌스의 새로운 롤모델을 제시하고 있음

< 홍성통 추진 경과 >

- 2012.10, 홍성군 농정발전대책 수립 시 기획단 자체과제로 민관협력체계 구축 선정
- 2012.12, '농촌지역 발전을 위한 거버넌스' 설명회 개최 및 동의 (110명 참가)
- 2013.03, 거버넌스 운영위원회 발족
- 2013.08, 홍성통으로 개칭
- 2015~2016년 '마을만들기 지원시스템' 구축을 중점논의하여 민간 네트워크 구축 및 중간지원조직 마을만들기지원센터 설립, 마을공동체팀 신설
- 2017년 '청년정책지원시스템'을 중점과제로 운영
- 2018년 '마을공동재산 관리' 연구
- 2019년 '사회적 농업' 등을 주요 주제로 운영

3. 홍성통 운영

1) 참여자 구성

- 대표를 두지 않고 행정과 민간 각 1명씩 간사를 두고 운영
- 기본 운영위원을 두고 운영하지만 별도의 참여 기준은 없이 누구

라도 참여할 수 있는 오픈 공간임
- 2019년 운영위원은 군청 및 산하기관에서 팀장, 전문위원 등 14명, 민간에서는 지역사회의 다양한 민간네트워크, 협의회, 중간지원조직, 지역단체, 연구소, 대학연구소, 지역소재 공기업, 지역언론 관계자 등 다양한 배경과 그룹에서 13명, 총 27명이 참여함
- 월례회의를 기본으로 하고 이해관계가 분명한 사안은 분과로 구성하여 운영. 매 연초에 운영방법에 대해 논의하고 추진. 2018년은 격월로 핵심주제 학습 추진, 핵심 주제별 토론회 개최 함

2) 네트워크형 운영

규정

- 수평적인 논의구조를 위해 대표를 두지 않고 행정과 민간 각 1명씩 간사를 두어 회의자료 취합, 참여유도, 회의운영을 한다는 규정만 존재
- 조례 등 별도의 법적 근거 없이 임의모임 형식으로 운영

소통방식

- 매월 월례회의에 자신이 속한 조직의 업무계획 공유 및 협력방안 제시
- 매년 중점과제를 선정하고 함께 학습 및 실천

- 분과회의 논의 내용 공유 및 협력방안 모색
- 홍성통 페이스북 페이지를 통한 실시간 정보 공유

의사결정 방식

- 사안에 대한 공유, 토론을 통한 합의
- 법적 구속력이 없기 때문에 모든 사안에 대해 결정을 해야 할 필요 없음. 제안자의 내용에 동의하는 사람들이 함께 함

<그림6> 홍성통 참여 네트워크 현황1

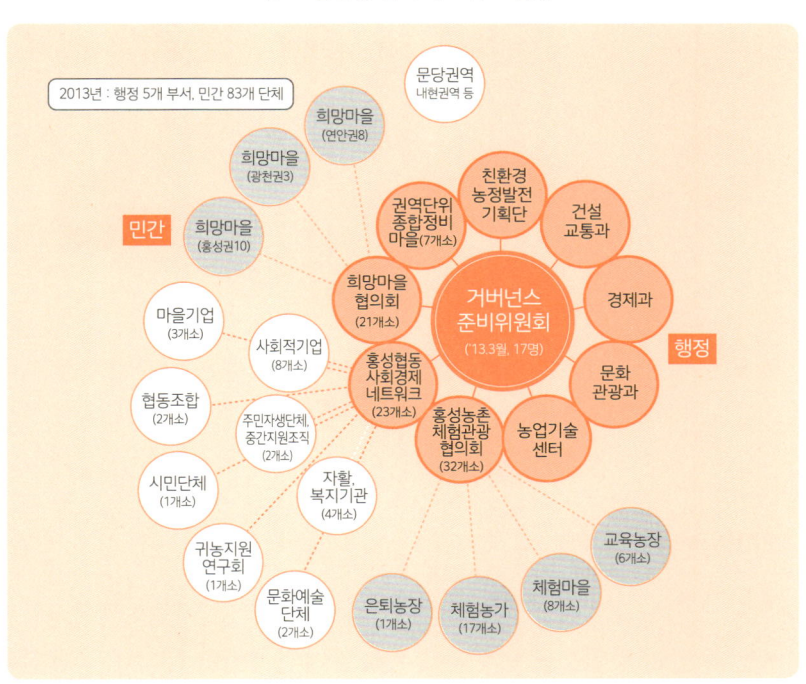

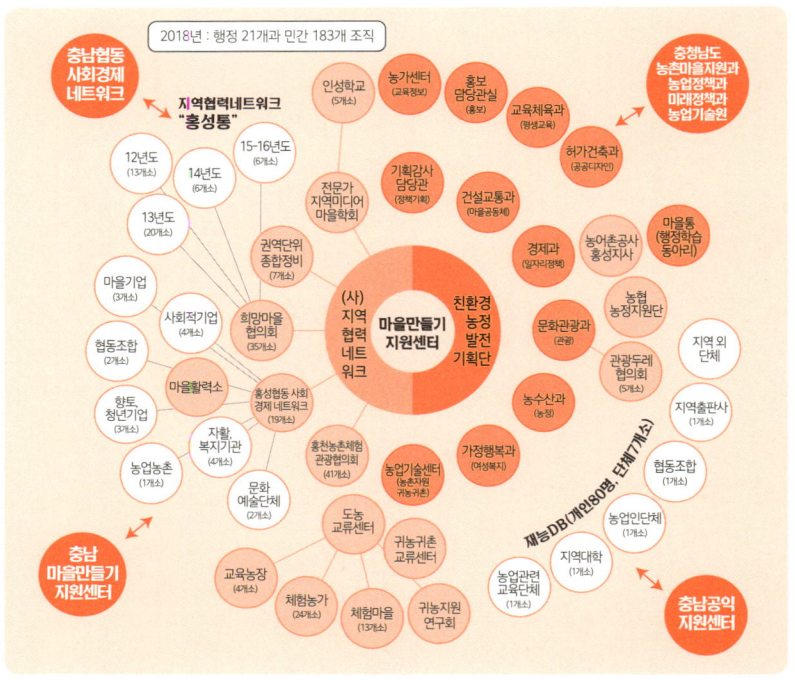

<그림7> 홍성통 참여 네트워크 현황2

- 모두가 합의할 필요성이 있는 사안에 대해서는 만장일치를 위해 노력

3) 자원의 공유체계

- 민간조직은 인적 자원이 풍부하고 행정조직은 재원이 있음
- 민과 관의 자원불균형에 따라 행정은 사업예산을 목적에 맞게 활용

할 수 있는 민간(조직, 마을 등)이 필요하고, 민간은 하고 싶은 사업은 있는데 예산이나 정보가 부족한 경우가 많음
- 홍성통 월례회의가 이러한 정보를 상시적으로 공유해온 만큼 지속적으로 참여해온 주체들은 관련 예산과 주체, 자원이 어디에 있고, 어디에 문의하고 협력하면 되는지 비교적 알아내기 쉬움

4) 역할분담과 책임소재

민과 관의 역할분담 체계

- 지역거버넌스 '홍성통'은 비교적 느슨한 형태의 거버넌스 구조를 가지고 있기에 민과 관의 역할분담을 구분하지 않음
- 다만 사안에 따라서 역할을 구분하는 경우는 있는데, 이는 행정이 잘하는 일과 민간이 잘 하는 일이 조금은 구분되어 있기 때문임
- 2015년부터 홍성통 핵심과제로 중간지원조직 설립을 추진하였으며 민관이 상호협의를 통해 행정에서 해야할 일(조례재정과 예산확보 등), 민간에서 해야할 일(조직구성 등)을 구분하여 추진
- 한편, 지역거버넌스 '홍성통' 외에도 민간은 민간 논의구조를, 행정은 행정 논의구조를 갖고 있음

책임소재

- 과정과 결과에 대해서 논의는 하지만 책임을 따지지 않음

5) 민관 참여수준 활성화 노력

- 지역거버넌스 '홍성통'은 느슨한 조직형태이기 때문에 참석이 의무사항이 아님에도 불구하고 2018년 기준 월례회의에 평균 20명 정도가 참여하는 것은 참가자들의 이해관계가 있기 때문임
- 참여하는 행정부서 담당자는 본인이 담당하는 상향식 개발사업의 경우 그 사업을 같이 해줄 파트너로서 마을과 조직을 찾는데 어려움이 있고, 민간조직의 경우 사업의 홍보나 연대 방안을 모색하기 위해서라도 참여하게 됨
- 갈등관계가 크게 형성되지 않는 이유는 첫째, 연대와 교류를 하기는 하나 그 방식이 주로 사업에 대한 논의에서 연대와 교류가 이뤄지고 사업의 추진에서는 주체 조직이 있으며 그 하부에 조력조직들이 함께하는 방식이기 때문이고, 둘째, 5년 이상의 지속적인 만남 속에 상호간의 신뢰관계가 높아져 서로를 이해하는 폭이 높기 때문임(서로의 한계를 인정하고 그래도 열심히 한다는 것을 인정)

4. 성과 및 파급 효과

1) 거버넌스를 통한 사업성과

- 정성적으로 민과 관 참여자 사이에 신뢰감(몇 년간 매월 만남을

통해 상호간 신뢰 형성, 이에 따라 신규참여자도 분위기에 따라 긍정적인 마인드를 갖게 됨)과 상호 이해협력의 기반 형성
- 2015년 홍성통 중점과제였던 중간지원조직 설립
- 2017년 중점과제였던 청년정책 개발(청년조례 제정, 도 청년정책 공모사업 추진, 청년통 분과 구성)
- 2018년 행안부 지역주도형 청년일자리 사업의 일환으로 '청년창업 네트워크 사업' 구축
- 2018년 농림축산식품부 '농업환경보전 프로그램' 토론 및 공모사업 확보
- 2019년 국가균형발전위원회 '지역발전투자협약 시범사업' 토론 및 공모사업 확정
- 2019년 행안부 '2019 인구감소지역 통합지원' 공모사업 추진 및 확정

2) 지역 거버넌스 지속가능성과 투명성 확보

- 네트워크의 지속성은 서로의 필요에 의해서 확보되는 것으로, 이런 관점에서 지역거버넌스 '홍성통'이 로컬거버넌스 모델 사례의 하나로 평가받고 있으면서도 공식적인(행정적) 형식을 갖추지 않는 것은 일부에서 형식에 얽매이면 경직될 수 있다는 인식이 있기 때문
- 형식을 갖추지 않아 불편한 점으로 예컨대 논의만 하고 실천이 잘

되지 않는다는 점, 상시적인 협력은 어렵다는 점, 나타나는 이슈가 참여자 모두의 관심사항은 아니라는 점 등 다양한 의견이 제기되고 있음
- 이런 문제를 해결하기 위해 상호 논의하고 해결방안을 찾아가고 있음
- 논의조직과 실천조직의 문제 때문에 2015년부터 중간지원조직 설립을 토론했고, 홍성통이 논의구조라면 그 논의 내용을 받아 중간지원조직이 실천하는 조직으로 구성하고자 했음
- 상시적인 협력과 관심사항의 문제는 분과모임을 구성하여 추진하고 있음
- 투명성 문제는 홍성통이 재원을 갖고 있지 않고 참가자간 신뢰성이 확보되어 있어 큰 문제는 없음
  - 법적 근거가 없어서 홍성통은 별도 재원이 없이 운영비는 시군 역량강화사업비를 활용하는데, 2018년의 경우 연간 500만원이었음

3) 지역사회를 대표하는 거버넌스 조직으로 자리매김
- 형식적이기 보다는 내용적으로 '홍성통'이 지역사회 내의 다양한 현안에 대한 열린 논의체라는 인식 강화
- 이를 위해 현재 참여하고 있는 사람과 조직 외에도 더 많은 행정

과 민간조직의 결합 유도

[표6] 2018년 중 홍성통 회의 내용

회의	내용
홍성통	• 충남마을만들기지원센터 소개 및 내포혁신플랫폼 구상 청취, 2018 홍성통 논의과제 및 연계사업 제안 등 • 농어촌공사 홍성지사 소개, 홍성통 논의주제 선정, 홍동면 빗물활용 시범사업 등 정보공유 • 수룡동 소개, 홍성통 운영계획, 정보 공유 등 • 오누이권역&장곡마을학교 소개, 마을공동재산 관리 연구와 사례발표, 신활력사업 등 정보 공유 • 마을만들기와 도시재생 토론
관광통	• 2018 관광팀 업무 소개, 주체별 업무계획, 2017년 농촌체험휴양마을 실적 및 협조방안, 전년 농촌체험휴양마을 포함 관광객 방문 실적 및 협력 논의, 중앙부처 관광진흥기본계획 공유, 홍성군 관광진흥조례안 청취 및 의견개진 등 • 주체별 내용공유 및 협의, 관광통 토론회 제안, 도농상생네트워크 구축 시범사업 신청 등 • 주체별 정보 공유, 관광통 토론회 안, 홍성 해안권 발전전략 수립 관련 의견 수렴 • 관광 관련 토론회 개최계획 안, 농촌체험휴양마을 실적 점검, 관련 정보 공유 등 • 정보공유 및 향후 토론회 방향성과 방법 논의
청년통	• 2018년 운영방안, 공동조사 내용 등 자유 논의 • 청운대 창업 청년들과 간담회, 창업보육센터 지원 등과 설문조사안에 대한 의견 수렴, 자유토론 • 청년마을조사단 의견수렴, 청년일자리 추경 관련 의견, 청년창업 협동조합 의견 등 • 청년마을조사단 의견, 청년대상 설문계획 협조, 청년 거주 임대비 지원 관련 구상에 대한 논의
마을통	• 교촌마을 고추마을만들기 구상 (팀장) • 마을문화재 활용방안 모색
행정지원협	• 추진사업 협의, 균형발전사업 평가 논의, RAISE 정보 입력, 선진지(안) 논의

* 2018.1~2018.5, 17회 회의, 216명 참석(행정 114명, 민간 102명)

☞ 이상 홍성군 거버넌스 사례는 2019 제1회 거버넌스지방정치대상 공모대회 응모기술문 및 수상발표자료를 기초로 작성하였음

로컬거버넌스 사례2

통합과 협업이 키포인트 ; 청양군 민관거버넌스

청양군 민관 거버넌스는 지방정부 로컬거버넌스 추진에서 기본원칙인 통합적 추진, 종합적 접근을 잘 적용한 사례임. 특히 행정 내에서 부서 간 칸막이를 넘어 협업을 어떻게 이루고, 동시에 이를 어떻게 민관 파트너십으로까지 연계할 것인지를 잘 보여주는 모델 사례임

1. 거버넌스 기본 인식 및 방향

- 김돈곤 민선 7기 청양군수는 고령화와 인구감소가 급속도로 진행되는 농촌 현실 속에 민관 거버넌스의 중요성을 인식하고, 행정 중심의 사업추진과 공동체형성의 한계와 문제점을 인식하고, 연구용역 추진, 추진위원회 구성, 합동워크숍 등을 거쳐 주민주도형 민관 거버넌스 체계를 구축함

- 개별 조직에서 각자 관리 운영하던 주민자치, 마을만들기, 푸드플랜, 사회적경제, 도시재생 등 업무를 총괄 추진하는 지역활성화재단 설립과 더불어 부서 간 칸막이를 해소하고 통합형 행정으로 민관 거버넌스를 지원하기 위한 조직인 농촌공동체과를 신설·운영하였음
- 민간 주도형의 거버넌스 형성을 위한 '청양군 함께이음 전략' 수립과 주민자치사업 활성화, 지역리더 육성을 위한 '신활력 플러스 사업' 추진 시에도 행정-중간지원조직-민간부문의 연계 협력과 지원 등 종합적이고 통합적인 접근을 기초로 하여 정책, 사업을 시행하였음

2. 통합형 지역활성화재단 설립

- 기존에 중앙정부의 다양한 지역(마을)공동체 지원정책 사업을 추진하기 위해 먹거리통합지원센터와 마을만들기지원센터가 각각 운영되고 있었으나, 정책의 성과와 효율성을 증대시키기 위해 통합조직의 설립 필요성이 제기됨에 따라, 지속적으로 안정적인 역할을 수행할 수 있는 민간주도형 공익조직인 청양군지역활성화재단을 설립하였음

- 먹거리+마을공동체 업무를 통합한 지역활성화재단을 통해 마을만들기, 푸드플랜, 도시재생, 사회적경제 등 영역에 주민들이 쉽게 참여할 수 있는 시스템을 만들어 많은 호응을 얻고 있음

3. 부서 간 칸막이 해소 및 민관거버넌스 업무 지원부서 설치

- 상향식 주민주도 업무, 사회적가치 업무, 중간지원조직 업무 등 융·복합화를 통해 효과를 극대화할 수 있는 업무를 모아, 2019년 1월 1일 농촌공동체과를 신설하였음(기존 7과 14팀 업무 → 1과 6팀으로 통합)

4. 민-관, 민-민 연계강화 함께이음 정책 및 신활력플러스 사업 추진

- 주민주도 상향식 마을만들기를 위한 지원기능을 강화하기 위해 공간이음-사업이음-사람이음을 연계한 융복합 모델의 '함께이음' 정책을 수립하였으며, 행정지원체계 정비-중간지원조직 설치-민간단체 역량강화 프로그램 등을 연계하여 통합적이고 종합적인 방향으로 추진하여 지속가능한 지역사회의 기반을 강화함

<그림8> 청양군 지역활성화재단 조직도

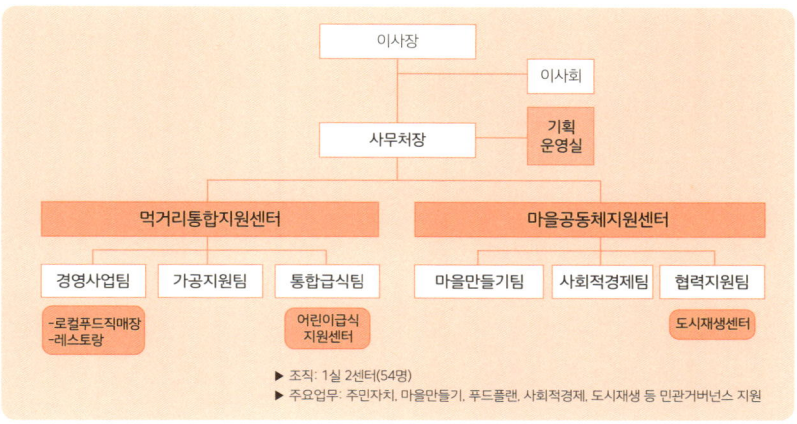

<그림9> 청양군 민관 거버넌스 업무 지원부서

<그림10> 청양군 함께이음 정책

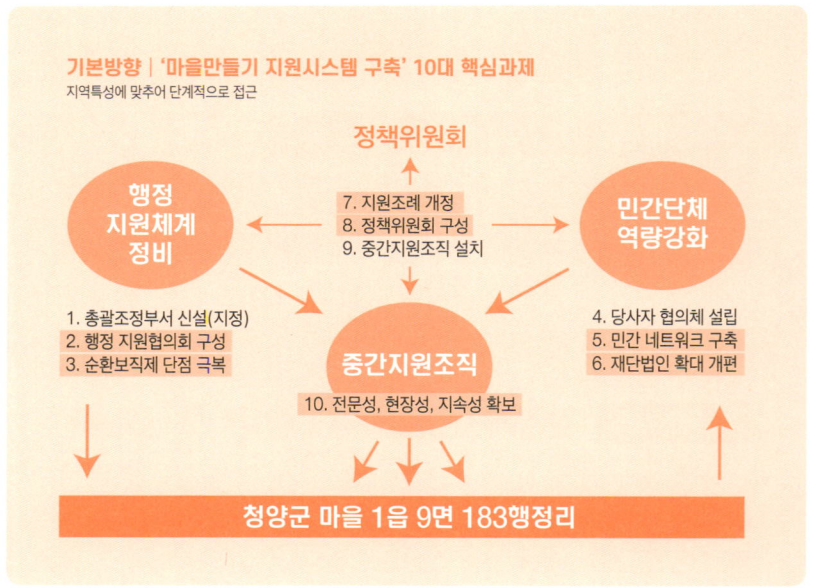

- 자립적인 발전역량을 강화하고, 지속가능한 미래성장동력을 창출하기 위해서는 지역인재육성이 최우선 과제라는 인식 하에 신활력플러스사업(70억원) 공모사업을 확정, 지역리더를 육성하기 위한 다양한 정책을 추진하게 되었음
- 신활력플러스추진단의 역량을 강화하고, 다양한 분야의 액션그룹을 육성하는 한편, 분야별 전문 코디네이터를 양성하는 등 지역리더를 발굴하고 있으며, 지역의 숨겨진 자원을 발굴하기 위해 마을자원 조사를 실시하였음
- 액션그룹들의 정책참여를 강화하고, 민-관 뿐만 아니라 민-민 간 연계협력 체계를 구축하여 하드웨어 위주의 사업이 아닌 소프트웨어 소액사업을 주민 스스로 추진, 지역의 새로운 활력을 불어넣을 수 있는 계기가 되었음

☞ 이상 청양군 거버넌스 사례는 2021 제3회 거버넌스지방정치대상 공모대회 응모기술문 및 수상발표자료를 기초로 작성하였음.

지방의원의 거버넌스 의정활동 사례1

지방의원, 거버넌스 캠페이너 – 전기풍 거제시의원

전기풍 거제시의원은 행정을 감시하고 조례를 다루는 대의정치인일 뿐아니라 로컬거버넌스 운동의 비전 제시, 주민 설득 및 인식 확대, 캠페인조직 결성, 행정의 변화 촉진, 제도개선, 연대 활동 등을 포괄적으로 수행하는 유력한 거버넌스 캠페이너 사회운동가로서 지방의원 역할모델의 전형을 보여주고 있음

1. 거버넌스 의정활동 개요

- 전기풍 거제시의원은 2010년 제5회 전국동시지방선거를 통해 거제시의회에 처음 진출한 이후, 내리 3선에 당선되었고, 거제시정에 거버넌스체계를 구축하기 위한 의정활동을 적극 추진해오고 있으며, 2018년 이래 「거버넌스센터지방정치연구회」(약칭 지정연) 공동대표를 맡고 있음

- 2018년 9월 거제시의회 최초의 의원연구모임인 「거버넌스포럼의 정연구회」 창립을 주도, 회장을 맡아 시민사회단체 및 주민자치위원회 등과 함께 자치분권 포럼, 거버넌스 정책간담회 및 워크숍, 로컬거버넌스 우수지방자치단체 벤치마킹, 거버넌스 대토론회 등을 주관하였음
- 거버넌스 캠페이너로서의 확고한 자의식을 바탕으로 위의 활동을 포함한 일련의 활동을 통해, 거버넌스의 불모지에 가깝던 거제시와 거제시정에 거버넌스 인식을 확산하였고, 민간 영역의 다양한 시민들이 참여하는 임의단체 「거제거버넌스포럼」을 창립하였으며, 거버넌스를 통해 주민 상호간 갈등을 해결하고 주민들이 시정에 참여할 수 있는 제도적 기반을 만드는데 노력하고 있음

2. 거버넌스 캠페이너로서의 활동 내용

- 거제시는 조선산업과 관광산업이 지역경제의 대부분을 차지하고 있고, 평균나이 37.4세로 젊고 역동적인 도시의 특성을 지니고 있음. 이와 함께 조선소를 중심으로 노동운동이 세력화되어 있고, 시민사회단체의 활동이 활발함. 한편, 거제시의 역동적이고 급속한 도시성장은 지역사회 각 분야별 갈등요인이 되어 분쟁이 끊이질

않고 있음
- 전기풍 의원은 이러한 거제지역의 특성을 반영하여, 지방자치시대 주민의 다양한 욕구충족 및 지역사회 문제해결을 위해 거제 지역 공동체 운영에 거버넌스 패러다임 도입의 필요성을 깨닫고, 거버넌스 전도사를 자임하고 나섬
- 이에 조례발의, 예산심의, 행정사무감사 등 입법 및 집행부 감시·견제라는 전통적인 지방의원 활동 범위를 넘어, 지방의원으로서

[표7] 거버넌스포럼의정연구회를 중심으로 한 거제지역 거버넌스확산 활동내용

구분		내용	참가자	비고
조직결성	의원모임	거제시의회거버넌스포럼의정연구회	거제시의원9명	시의회 최초의 의원연구모임
	시민모임	거제시민거버넌스포럼	시의원.공무원.시민단체.주민자치위원.상의 등 30명	창립식 및 포럼개최
정책연구 활동	정책간담회	1차 로컬거버넌스정책간담회	시의원.관련부서공무원.주민자치위원 등 28명	
		2차 로컬거버넌스정책간담회	시의원. 시민단체. 관계공무원 등 36명	
담론·의제 확산	공개포럼	1차 자치분권포럼 개최	시의원. 시민단체. 면·동주민협의체. 각급 공무원 등 230명	
		2차 자치분권포럼 개최	시의원.시민단체,주민자치위원.상의.공무원 등 30명	거버넌스포럼 창립식 2부
		3차 자치분권포럼 개최	시의원.주민자치위원. 시민단체.상의.공무원 등 42명	
학습	선진지 탐방	시의원 로컬거버넌스벤치마킹	시의원. 관련공무원등 16명	서울시청.관악구청. 서울혁신파크.수원도시재단 등 2박3일

(2018.9~2019.4 추진)

위상, 권한, 기타 유무형 자원을 활용하여 의정활동 안팎에 걸쳐서 거버넌스를 통해 거제시정을 변모시키기 위한 폭넓고 다양한 활동을 전개하여 '지역 사회운동가'로서 '거버넌스 캠페이너'의 빼어난 면모를 보임으로써 거버넌스 시대에 어울리는 지방의원의 새로운 역할모델의 전형 사례를 선구적으로 보여주고 있음

- 전기풍의원은 거제시 행정과 업무보고 시 거버넌스체계 구축에 대한 질의를 시작으로, 본회의 5분 자유발언을 통해 "민·관 협치 거버넌스형 조직개편이 필요하다"고 주장하였으며, 시정질문을 통해 "지방분권시대를 선도하는 거버넌스체계 구축에 나서야 한다"고 시장에게 강력히 주문하였음. 또한 2018년 11월부터 2019년 말까지 12회에 걸쳐 '거버넌스 행정 구현'으로의 변화를 강조하였고, 행정사무감사 지적사항으로 '거버넌스체계 구축'을 적극 추진하도록 일관되게 제기하였음

- 이와 같은 다방면에 걸친 폭넓은 로컬거버넌스 캠페인을 통해
  - 거제시 지역사회 및 시정에 거버넌스 의제·패러다임 도입, 확산
  - 거제시민거버넌스포럼 창립
  - 주민자치 활성화를 위한 지원 강화
  - 거버넌스 토론문화 정착
  - 거버넌스 도입을 위한 벤치마킹 활성화
  - 거버넌스체계구축 연구용역예산 확보

등의 성과를 일구었음

- 또한 거제시에서의 이와 같은 거버넌스 의정활동 사례를 거버넌스센터지방정치연구회 주최의 <거버넌스지방정치연구 서킷>(워크숍)을 통해 수차례에 걸쳐 소개하고 적극 전파하여, 남원시의회와 영주시의회에 각각 거버넌스의정연구모임 발족을 견인하고 본인의 활동경험을 공유하는 등 거제시 지역을 너머 거버넌스 패러다임과 거버넌스 의정활동의 타지역 확산을 위한 활동을 적극 펼침으로써 거버넌스 캠페이너 지방의원 역할모델 자체를 확산하고 있음

☞ 이상의 전기풍의원 거버넌스 의정활동 사례는 2019 제1회 거버넌스지방정치대상공모대회 응모기술문 및 수상발표자료를 기초로 작성하였음

지방의원의 거버넌스 의정활동 사례2

지방의원, 거버넌스 코디네이터·모더레이터 – 김광란 광주광역시의원

> 김광란 광주광역시의원은 지역사회의 문제해결을 위하여 민·관·정·산·학 등 다양한 관련 주체들을 네트워킹하고, 공동체 모더레이터로서 주체들의 협력을 지원하는 방식으로 지역을 혁신하는 활동을 통해 지방의원이 거버넌스 네트워크의 코어이자 거버넌스 지방정치의 중심이 될 수 있음을 잘 보여줌

1. 거버넌스 의정활동 개요

- 김광란 광주광역시의원은 "어떤 문제에 직면했을 때 문제해결을 위해 광주시 관련부서(자치구 포함)뿐만 아니라 산하기관과 대학, 시민단체 등 협업파트너를 최대한 광범위하고 다양하게 꾸리는 일을 가장 중요하게 여기고 우선적으로 추진한다"는 의정 활동의 철학과 원칙을 갖고 있음

- 처음 관계기관의 참여를 유도할 때 지방의원의 권한을 최대한으로 사용하고, 일이 추진되는 과정에서는 참여자들을 응원하고 제도개선하고 예산지원 하는 일로 뒷받침하고자 노력하였으며, 무엇보다 거버넌스 시대에 지방의원으로서 단순한 비판자, 감시자를 넘어 대안과 정책 제시를 통한 시정운영의 책임있는 파트너, 공동책임자로서 위상을 세우고자 노력함
- 노후화한 영구임대아파트의 공실 문제를 주거 약자인 청년의 주거 문제와 결합시켜 해결하는 과정에 광주시, 광주시의회 등 민·관·정 17개 기관단체 관계자들의 파트너십을 조직하여 지지하고, 숙의 과정을 조정하면서, 거버넌스를 통한 지역사회 문제해결을 성공적으로 이끌었음
- 이 과정에서 형성한 거버넌스 네트워크를 통해 지방정부 정책의 현장친화적 변화는 물론 중앙정부 정책의 지역친화적 혁신을 끌어냈으며, 거버넌스 역량은 자생적인 지역재생 역량으로 전화하여 다양한 지역활력 창출 사업으로 이어지고 있음

2. 거버넌스 코디네이터·모더레이터로서의 활동 내용

- 광주광산구에 소재한 광주도시공사 소유의 1500세대 빛여울채 아

파트는 평균 150세대, LH소유의 1880세대 하남주공아파트는 평균 250세대가 항상 비어 있는데, 가장 적은 평수인 11평형(실평수는 7평)대에서 빈집이 발생하고 있음
- 한 설문조사에서 광주지역 청년들이 가장 힘들다고 응답한 항목이 주거비부담이었음
- 이에, '영구임대아파트 공동체재생 - 공실해소와 청년주거문제 해결'이라는 지역문제해결 프로젝트를 추진하게 되었으며, 추진과정에서 부딪치는 리모델링 비용, 입주자격을 제한한 국토부 지침, 청년들의 실제입주여부, 기존 주민들의 소외감 등등 수두룩한 난제들을 다양한 기관단체들을 TFT에 네트워킹하고 파트너십을 다지면서 공동의 협력과 노력으로 해결해 나갔음
- 2018년 12월 TFT 구성에 착수한 이후 참여한 그룹은 광주광역시의회, 광주광역시도시공사, 광주광역시, 중간지원조직, 주민조직, 청년 그룹 등 17개 기관 25명이었음
- 활동을 통해 법과 제도를 바꾸고 전국으로 확대할 수 있는 시범 모델을 만들어 내었으며, 프로젝트를 주도해온 TFT는 입주청년들과 영구임대아파트 주민들, 복지관, 관리사무소, 동행정복지센터와 지역사회가 더 튼튼한 관계망으로 엮어질 수 있도록 지원단으로 역할을 바꿔서 계속 활동하고 있음
- 김광란 의원은 이 프로젝트 외에도 미래학습도시-청소년주도프로

[표8] TF위원회의 주요 활동 내용(2019.초-2020.4 추진)

구분	내용	참가자	비고
정책토론회	영구임대아파트 공동체재생 "공실해소와 청년주거문제 해결"	의원실 주관	공감대형성
회의	TF 공식회의, 사안별 수시회의 및 간담회(의원실 주관)	TF참여기관, 관계자	공식회의11회
협업회의	입주자격 완화 등 법제도 개선, 시범사업 전국확대	청와대, 국토부, LH, 광주시	6회
청년입주	빛여울채아파트, 각화주공아파트	각 50명, 20명	
공모사업	중앙정부 공모사업 유치	주민,청년,기관, 단체 협업	*성과
중간평가	중간평가 허심탄회 워크숍 개최	TF, 주민 등	
리모델링	장애인과 노약자 우선으로 개별 세대 리모델링		
보고서	사례연구 및 활동보고서 발간		

*성과: 2019년 행안부 국민디자인단 특별교부세(1억), 국토부 소규모재생 시범사업(4억)
2020년 국토부 영구임대주택 공원조성(20억), LH 임대주택시범사업(5억)

젝트/시민주도프로젝트 2개와 기후위기대응TF를 꾸려서 진행하고 있으며, 광주시와 교육청 의제와 관련 있는 광주시 산하 공공기관, 관련 민간단체와 시설, 학계 전문가들이 TF에 참여하도록 하고 있음. 그 외에도 쓰레기문제, 대중교통활성화, 에너지전환 등 여러 의제들을 의회 의원과 행정, 시민사회와 공공기관, 민간기업까지 참여하는 방식으로 추진하고 있음

<그림11> 빛여울채 아파트 문제해결 협의체 참여 네트워크1

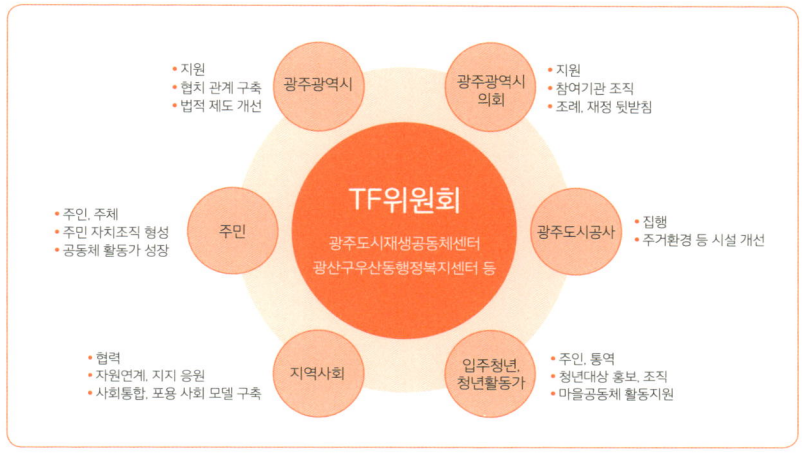

<그림12> 빛여울채 아파트 문제해결 협의체 참여 네트워크2

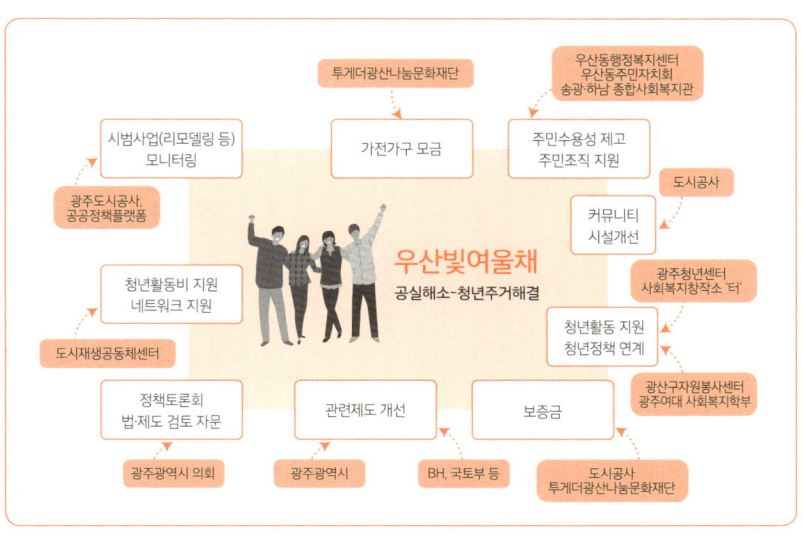

☞ 이상의 김광란의원 거버넌스 의정활동 사례는 2020 제2회 거버넌스지방정치대상공모대회 응모기술문 및 수상발표자료를 기초로 작성하였음

민선6기 경기연정 사례

아주 특별한 실험, 경기도 연정

민선 6기 남경필 경기도지사의 적극적인 제안으로 경기도의회, 그리고 당시 새정치국민연합 경기도당과 새누리당 경기도당이 함께 실현한 경기도 연정은 자율과 책임, 참여와 합의, 실천과 협력, 조정과 통합의 거버넌스 정치의 진면목의 일단과 함께 '다른' 정치가 가능함을 보여준 사례임

1. 경기도 연정 도입의 배경

- 2014년 지방선거에서 당시 새누리당 남경필 후보는 새정치민주연합의 김진표 후보와 0.87% 근소한 차이로 경기도지사에 당선됨. 반면, 경기도의회는 116석 중 72석을 야당이 차지함으로써 전형적인 분점정부 상황이 만들어짐
- 남경필 지사는 당선 직후 국회 기자회견에서 한국정치의 승자독

식으로 인한 오랜 분열과 갈등이라는 문제를 비판하고, 독일식 연립정부 방식으로 도정을 운영해 나갈 것이라고 입장을 밝히고 경기도 연정을 제안함
- 경기도의 연합정치, 경기도 연정은 남경필 지사가 제안하고, 도의회의 다수당인 더불어민주당이 이를 수용하면서 시작되었음
- 경기도 연정은 사회통합부지사직을 야당에 양보하고 연정실행위원회 등을 구성했다는 점에서 연립정부적 성격을 띠고 있으며, 집행부와 도의회 정당들 간의 정책 합의에서 시작되었다는 점에서 정책연합의 성격도 갖고 있음

2. 경기도 연정 1기

1) 연정 제안과 연정합의문 채택
- 2014년 6월 남경필 지사의 야당 사회통합부지사 추천 제안에, 새정치민주연합 경기도당 김태년위원장은 여야의 공통공약 정책에 합의가 선결되어야 공동책임으로서의 연정에 동의할 수 있다며 역제안을 하였음. 이 제안을 남경필 지사가 수용하면서 정책협상단을 구성(양당 국회의원 각 2명, 경기도의원 각 2명, 정책담당자 각2명)하였고 후에 '경기도 연합정치 실현을 위한 정책협의회'(이

하 정책협의회)로 공식명칭 확정
- 협의회는 제5차 회의(2014. 8. 5)에서 '경기도 연합정치 실현을 위한 정책합의문(이하 연정합의문)'을 발표하였음

2) 경기도 공공기관장 인사청문회

- 연정합의문에 따른 후속조치로 단체장의 인사권 공유의 일환으로 경기도와 도의회 간에 경기도 공공기관장 인사청문회 MOU를 체결하고(2014. 8. 29), 도 산하 26개 공공기관 중 경기도시공사 사장, 경기신용보증재단 이사장 등 6개 공공기관장에 대한 인사청문회를 실시하기로 함
- 현행법상 지방의회가 실시하는 공공기관장 후보자에 대한 인사청문회는 법적 근거가 없어 관련 조례를 제정할 계획이었으나, 지방공기업법과 지역신용보증재단법 등의 상위법에 저촉되는 문제가 제기되어 '청문회'가 아닌 '간담회' 형식으로 진행
- 지사가 추천한 기관장 최종후보에 대하여 도의회에서 1차 도덕성 검증(검증위원회에 의한 비공개)과 2차 업무역량 평가(소관 상임위원회에 의한 공개)를 통한 인사청문회가 이루어지고 의회의 동의를 얻은 후보를 지사가 최종 임명하는 방식으로 진행되었음

3) 사회통합부지사 선출

- 경기도 1기 연정의 핵심은 공공기관장에 대한 인사청문회 실시와 더불어 야당 추천 사회통합부지사라고 할 수 있음
- 도정에 야당의 가치와 정책을 보다 쉽게 반영할 수 있는 기회가 될 수 있다는 의견과 도정에 대한 책임을 집행부와 공동으로 안게 되어 야당 본연의 역할인 집행부 견제가 취약해 질 수 있다는 의견 등 당시 야당인 새정치민주연합 소속 경기도의원들 내부의 견해 차이 등으로 진통을 겪은 끝에 의원총회(2014. 10. 27)에서 표결을 통해 사회통합부지사 파견을 최종 확정하였음
- 이후 '경기도 연합정치 실현을 위한 공동협약문(이하 공동협약문)' 체결(2014. 11. 11). 경기도지사, 경기도의회 의장, 새정치민주연합과 새누리당 대표가 서명하여 합의주체를 분명히 함
  - 공동협약문에는 연정합의문의 내용 재확인, 이의 실천을 위한 정책협의회 구성 및 사회통합부지사의 소관업무와 권한·임기 등에 대한 내용을 포함
- 사회통합부지사는 보건복지국, 환경국, 여성가족국, 대외협력담당관 등 4개 실국에 대한 인사권과 예산편성권을 갖고, 경기복지재단, 경기의료원, 경기가족여성연구원, 경기영어마을, 경기평생교육진흥원 등 실국 소관 공공기관장에 대한 인사추천권도 갖게 되었음. 사회통합부지사 관할 조직의 예산은 약 5조 9,000억 원

으로 경기도 전체 예산의 약 30%를 차지하는 규모
- 2015년 조직개편을 통해 연정의 원활한 실행과 제도화를 위해 사회통합부지사 직속으로 과 단위의 연정협력관을 신설, 3팀 11명 규모로 구성

4) 경기도 연정실행위원회

- 사회통합부지사의 선출 이후 경기도는 경기도 연정 관련 협의체 신설 및 관련 조례 제정 등을 통해 경기도 연정의 제도적 안정화를 위한 기반 마련에 착수, '경기도 연정 실행위원회(이하 연정실행위)'를 구성하기로 하고 '경기도 연정 실행위원회 구성 및 운영 조례안'을 의결(2015. 3. 8)
- 연정실행위는 2014년 8월 작성한 연정합의문에 담긴 20개 조항의 현실화 방안을 구체적으로 논의하기 위한 협의기구로, 사회통합부지사와 도의회 교섭단체 대표의원 2명 등 3명의 공동위원장을 포함하여 총 11명으로 구성
- 연정실행위는 격주로 정례회의를 갖되 공동위원장의 합의에 따라 별도의 회의 개최가 가능하도록 하였고, 산하에 재정전략회의와 공공기관 경영합리화추진협의회를 구성
  - 재정전략회의는 사회통합부지사를 의장으로 의회와 집행부가 각각 6명씩 동수로 참여하고 민간전문가를 포함해 총 16명으

　　　　로 구성된 협의·자문기구로, 연 4회의 정기회의 개최를 원칙으
　　　　로 하여 세입·세출 등 경기도 재정운영의 기본방향을 제시하고
　　　　연정합의문 20개 조항의 실현을 위한 연정사업예산 편성 및 집
　　　　행 방향의 설정, 연정예산 가계부의 실행계획과 사업 평가 등
　　　　을 논의
- 경기도 공공기관경영합리화추진협의회는 도의회 양당 대표 각 3명, 집행부 4명(기획조정실장, 균형발전기획실장, 농정해양국장, 환경국장), 민간전문가 6명 등 총 16명으로 구성하여 도내 25개 공공기관의 유사 및 중복 기능을 통폐합함으로써 공공기관을 감축하는 방안을 담은 연구용역결과 초안이 연정실행위 회의에서 보고된데 따라(2016. 3. 25) 이를 바탕으로 공공기관 경영합리화 논의 진행

5) 연정 예산

- 경기도 연정과 관련된 예산은 연정예산과 자율편성예산이라는 두 축으로 구성
- 연정예산은 연정합의문 합의사항에 따라 재정전략회의에서 정한 32개 세부사업 예산으로 도비와 국비를 포함하여 2016년 총 약 9,000억 원 규모로, 연정사업의 원활한 추진을 위한 의지가 반영되었음

- 자율편성예산은 경기도가 의회와 합의한 일정 규모의 예산에 대해 도의회가 자율적으로 편성권한을 갖는 예산으로, 2016년도 자율편성예산 규모는 500억 원으로 상임위원회에 60%(300억 원), 교섭단체에 40%(200억 원)를 배분키로 결정함

6) 연정의 외연 확대

- 경기도 연정은 도와 시·군 간 상생협력(연정 2.0), 도와 교육청 간의 교육연정, 타 광역지자체와의 연대 및 협력(연정 3.0)으로 점차 그 범위가 확대
- 도와 시·군 간의 상생협력을 위해 2015년 4월과 12월 두 차례에 걸쳐 도내 31개 시장 및 군수, 도의회 대표단 등이 1박 2일 간의 토론회를 개최하였으며, 시장 및 군수, 부시장, 도의회 의장단과 상임위원장, 도의원, 도 행정 1·2부지사, 실국장 등이 참여한 1차 토론회에서는 예산연정 분야와 상생협력 분야로 나누어 진행
  - 경기도는 2015년부터 도의회와 경기도 31개 시·군과 예산편성 권한을 공유하기로 함
  - 안정적인 예산편성을 위해 예산편성시기를 앞당겨, 도는 5월 말까지 실·국별로 다음 년도 예산편성을 올리고 도의회 상임위·시장군수협의회 등과 사전협의를 가짐. 특히, 도에서는 요약위주의 사업설명서에 도의회 행정사무감사·결산 지적사항 등을 반

영하기로 함. 또 신규 시·군 보조사업예산 편성 시 시장군수협의회의 사전협의를 받도록 제도를 개선해 시·군 동의 없이 재정부담을 전가하지 않도록 하였으며, 신규사업 추진 시 반드시 실·국 자체적으로 재원조달방안을 제시하는 원칙도 준수하도록 함
- 상생토론회의 정례화, 소통과 협력을 통한 공공갈등 해결 등의 내용을 담은 '도와 시·군 간 상생발전을 위한 공동선언문'을 채택함
- 도와 시·군 간 인사교류 갈등과 관련한 대안의 마련및 MOU 체결, 한국정치혁신 연정 지속발전방안 마련, 도-시·군 연계 일자리 창출방안, 경기도형 임대주택 사업인 '따복마을' 추진 협력방안 등을 논의
● 경기도 연정의 외연 확대는 교육청과의 협력 확대로 이어짐
- 남경필 지사와 이재정 교육감의 취임 1주년을 맞아 경기도 연정의 일환으로 '교육연정'을 추진키로 하고, 지방교육재정교부금, 지방교육세 등 교육청 지급을 위한 법정 전출금의 조기 전출을 통해 교육재정 안정을 지원하기로 결정
- 교육청과의 합의를 통해 과밀학교 해소와 관련된 학교용지분담금으로 78개 학교에 803억 원을 정산하고, 1999년부터 2021년까지 용지를 매입했거나 계획된 669개 학교의 학교용지분담금을 1조 9,277억 원으로 확정하여 2021년까지 전액 분할지급하

기로 합의
- 경기도 연정 실험은 타 광역지자체와의 연대와 협력으로 발전하여, 이를 '연정3.0'으로 명명
  - 1차로 강원도와 상생협약을 체결하였으며, 내용은 일자리창출과 신성장산업, 농산물 등 유통판매, 도민교육 및 공무원교류, 관광, 연구 등 모두 5개 분야 14개 사업으로 구성
  - 광역 연정(광역단체 상생협약)은 제주도, 전라남도 등으로 확대

7) 경기도 연정의 위기

- 2015년 말 2016년 경기도 예산안 처리 과정에서 도교육청의 누리과정 예산을 둘러싼 도의회 새정치민주연합과 새누리당의 갈등으로 사상 첫 준예산 사태가 발생하면서 경기도 연정은 위기에 봉착함
- 2016년 1월 28일 도의회 본회의에서 재적의원 전원찬성으로 도교육청 예산안 처리와 함께 경기도 예산안도 함께 통과되어 사태가 일단락되었음
- 누리과정 예산문제는 기본적으로 도교육청과 도의회 간의 갈등 문제였으며 연정합의문에 명시되지 않은 새로운 쟁점으로 경기도 연정 외의 이슈였으나, 경기도가 의회 및 교육청, 도내 시·군을 넘어서 타 광역단체와도 연정을 확대함으로써 다른 이해관계자

간의 갈등 상황에서 중재자의 역할을 기대받게 되었음
- 그러나 이러한 중재 역할을 경기도가 수행하기에는 중앙정치 이슈에 종속된 지방정치의 한계, 중앙당의 강력한 영향력 등으로 인해 한계가 나타나게 되었던 것임

3. 경기도 연정 2기

1) 경기도 연정의 지속과 연정합의문

- 경기도 연정은 2016년도 예산안처리 과정에서 위기를 겪으며 한때 무용론까지 제기되었지만, 2016년 3월 첫 연정실행위 회의 개최를 통해 재가동
- 경기도 연정은 1기 시행과정에서 나타난 문제점의 개선과 제도적·운영적 보완 및 확대를 통한 안정화를 추구하여, '경기도 민생연합정치 합의문'에 최종서명한 2016년 9월 9일 이후를 2기로 구분할 수 있음
- 1기 연정이 경기도와 경기도의회의 기관 대 기관의 연정이었다면 2기 연정은 더불어민주당과 새누리당, 남경필 지사가 참여하는 당 대 당의 연정이라고 할 수 있음
- 연정 2기의 연정합의문 작성에 앞서 다양한 논의들이 이루어졌으

며, 더불어민주당이 요구한 청년수당 등 166개 의제 중 164개, 새누리당이 요구한 156개 의제 중 153개를 각각 수용하여 최종합의를 이룸. 합의 주요내용을 살펴보면,

- 연합정치 주체를 경기도의회 더불어민주당과 남경필 도지사+경기도의회 새누리당으로 합의
- 연정의 제반사항을 규정한 '경기도 연합정치 기본조례' 제정
- 도의회 예산·입법정책 기능강화 지원
- 대규모 사업의 건전성·효율성 제고를 위한 '경기도 공공투자관리센터' 설립 검토
- 의회와의 충분한 협의를 통한 '경기도주식회사' 설립 추진
- 그 외에 복지, 중소기업 및 소상공인 지원, 사회적경제 육성, 일자리 관련 예산, 정책 및 조직 개편 등

2) 연정부지사와 조직 개편

- 1기의 사회통합부지사는 연정부지사로 명칭이 바뀌고, 업무 범위는 대외협력 및 정무관련 업무로 도정 전반을 관리할 수 있도록 역할이 강화되었으며 연정합의문에 따라 연정과제 관리, 특별조정교부금 결재 참여, 연정최고회의 참석 등의 권한 부여
- 연정부지사 직속의 연정협력과를 확대하여 연정협력국을 신설
- 연정실행위원회는 연정부지사·양당대표 등 3명의 공동위원장, 4

명의 연정위원장(양당 도의원 각 2명), 양당수석부대표·수석대변인·정책위원장 등 6명, 도 연정협력국장과 기획조정실장 등 15명으로 구성
- 도의 조직개편 이외에 도의회 의장 산하에 연정중재위원회를 구성, 연정합의문 이외의 사안에 대한 갈등과 대립 등 예상하지 못한 이유로 도의회가 파행될 경우 중재역할을 담당
- 경기도 연정 2기의 모델은 기관통합형 지방정부에서 많이 활용하는 지방장관제(경기연정위원장) 도입을 통해 권력을 배분하는 유형이라 할 수 있음. 즉, 도의회 의원을 지방장관으로 임명하여 지방장관으로 구성되는 각료회의를 운용하는 '의원내각형 기관구성'을 변용함

3) 제도기반 확대를 위한 노력
- 남경필 경기도지사는 행정자치부 장관을 만나 '지방자치법' 개정 추진을 건의(2016.4.21), 이를 통해 현행법상으로 확대가 어려워진 연정의 문제점을 해결하고자 함
  - 구체적으로 제35조 지방의원 겸직과 제110조 부단체장 정수확대 규정을 개정하여, 현직 지방의원이 부지사직을 맡을 수 있도록 하고 현재 3명인 부지사직도 5명으로 늘리고자 하였음
- 연정의 제도화를 위한 노력은 경기도 연정이 정치적 합의에 의해

이루어지기 때문에 제도적 뒷받침이 부족한 측면을 보완하여 연정의 안정과 성숙을 기하기 위함
- 연정 제도화를 위해서 그 외에 의정기능 강화, 예결위 상임위화, 예산연정 정착 등의 필요성이 주창됨

4) 연정위원장(지방장관)제

- 지방장관제는 도입 이전부터 남경필 지사와 더불어민주당의 쟁점 사안이었으며, 연정 2기 합의문을 통해 무보수 명예직으로 양당이 각 2명씩 파견해 모두 4명의 지방장관을 두기로 큰 틀에서 합의가 이루어졌음
- 행정자치부에서는 합의 이후 2016년 8월 26일 지방장관 도입이 위법하다는 내용의 공문을 발송하면서 경기도의 지방장관제 도입에 제동을 걸었음
  - 자치단체에서 장관 명칭을 사용할 수 없으며, 집행기관과 의회는 분리되어야 한다는 점, 지방의원은 겸직이 금지되어 있다는 등의 3가지 위법성 사유 지적
- 논란에도 불구하고 2016년 8월 30일 경기도와 경기도의회는 지방장관제를 실시하기로 하였음
- 행정자치부와의 갈등을 피하기 위한 대안으로 연정위원장 제도로 방향을 선회. 연정위원장 제도는 연정정책의 이행을 위한 '연정실

행위원회'에 분야별 4개 연정위원장을 두고 해당 위원장이 도정과 연정 정책을 분야별로 소관하도록 규정함
- 연정위원장은 집행부 내각의 일원으로 소관 실·국별 연정정책을 총괄하고 관장하는 역할을 함. 전체 288개 연정 정책과제를 분야별로 나눠 관리하고 이행하도록 책임을 담당하였음

4. 경기도 연정의 의미와 의의

- '상생과 통합의 정치'를 목표로 한 경기도 연정은 다수결 민주주의 정치체제 하에서도 그로 인한 대립 정치를 극복하기 위하여 합의제 민주주의를 현실 정치에 창의적으로 도입, 운영하며 정치적 성과를 이끌어 내었음
- 경기도 연정은 현행 강단체장-의회형의 지방정부 권력 체제에서 인사권, 예산편성권 등 지자체장의 많은 권한 중 일부를 의회와 함께 공유하면서 도정을 운영하여 거버넌스 정치의 핵심인 분권과 파트너십을 창조적으로 구현하였음
- 경기도 연정을 위한 연정합의문 등을 공식적으로 문서화하고, 이를 바탕으로 공동협의기구인 '연정실행위원회' 및 산하 재정전략회의, 공공기관경영합리화추진협의회 등을 신설함으로써 지방정

부 차원에서 상위법에 저촉되지 않는 새로운 제도적 기반을 마련하고 사회통합부지사, 연정부지사, 연정협력국, 연정위원장 그리고 도의회의장 산하 연정중재위원회 설치 등을 통해 상위법을 우회하여 의회의 행정참여를 제도화하는 등 창의적인 상상력으로 새로운 정치제도를 창안하고 운용하였음

- 지방정치 발전과 지역혁신을 위해 지역주권의 지방분권 필요성과 가능성을 선구적인 지방정치 실험을 통해 뚜렷이 각인, 분권 캠페인의 동력을 확충하였다고 할 수 있음
- 현재 주어진 법제도적 틀이나 환경의 제약 속에서도 주체의 의지로, 주체의 관점과 접근 방식, 일하는 방식의 변경을 통해서도 경쟁과 협력의 파트너십에 기반한 거버넌스 정치 실행이 가능함을 보여준 사례로서 의의가 있음

외국 지방정부 기관구성 사례

주요 국가의 지방정부 기관구성 형태

외국의 지방정부 기관구성 형태를 살펴보는 것은 지방자치는 곧 분권자치이고 공동체 운영의 자율성과 책임성을 의미한다는 것, 그리고 지방정부의 권력구조 형태는 다양다기할 뿐만 아니라 사실은 공동체가 다 다른 만큼이나 그것이 당연한 것임을 확인시켜 줌

1. 미국

미국의 지방자치단체 기관구성은 의결기관과 집행기관의 구조에 따라 시장-의회형, 위원회형, 시지배인형, 주민총회형의 네 가지 형태로 구분할 수 있으며, 시장-의회형은 다시 강시장-의회형, 약시장-의회형, 수석행정관형의 세 가지 형태로 세분화할 수 있음

1) 시장-의회형 mayor-council government

- 시민이 직접 선출하는 시장과 선거구에서 선출되는 의원으로 구성된 시의회가 행정권과 입법권에 관하여 그 권한과 기능을 분담하고 있는 유형으로, 시장과 의회의 권력 정도에 따라 다시 강시장-의회형, 약시장-의회형, 수석행정관형의 세 가지 형태로 구분할 수 있음
- 카운티county를 제외한 시city, 버러borough, 타운십township, 타운town 등 지방자치단체에서 가장 많이 채택하고 있는 기관구성형태임

① 강시장-의회형 strong mayor-council form

- 지방정부를 구성하는 시장과 지방의회 의원을 주민들이 직접 선출함으로써 지방자치단체의 조직구조가 비교적 단순하면서, 시장의 권한이 대폭 강화된 기관구성 형태라고 할 수 있음
- 주로 미국 대도시에서 채택하고 있는 기관구성 형태로 시장에게 지방행정에 대한 전적인 통할권을 부여함과 동시에 전반적인 책임을 지도록 하고 있으며, 시장은 부서장에 대한 인사권, 예산안 제출권, 의회의결거부권 등을 보유하여 지자체 내·외부적으로 강력한 정치적 리더십을 행사함
- 의회는 임명·파면동의권, 예산심의확정권, 행정조사 및 행정감사권, 시장이 거부한 법안에 대한 재의결권 등과 같이 시장을 견

제하기 위한 다양한 권한을 보유하고 있음

② 약시장-의회형 weak mayor-council form
- 권력이 한 명의 시장에게 편중되는 것을 막기 위해 만든 기관구성 형태로, 다수의 의원으로 구성된 의회가 고위직 공무원에 대한 인사권과 행정운영에 대한 감독권을 지니고 있음
- 시장은 시민에 의해 선출되지만 인사권이나 거부권, 행정권의 행사 등과 같은 권한의 행사에 많은 제약을 받고 있으며, 시장 이외의 재정관, 검사, 전문위원회 위원 등과 같은 많은 공직자들이 시민에 의해 직접 선출되기 때문에 시장의 권한 범위가 매우 협소하다고 할 수 있음
  - 시장은 정책형성 및 행정권에 대한 주도권이 매우 제한적이어서 강한 정치적 위치나 개인적 영향력을 통한 공식적 권력구조의 변형이 이루어지지 않는다면 시장의 지위가 명목상에 그칠 수도 있음

③ 수석행정관형 chief administrative officer: CAO
- 1931년 미국의 샌프란시스코에서 도입된 뒤 많은 자치단체에서 채택하고 있는 일종의 강시장-의회형의 수정형태로, 시장이 집행부의 수장이면서 시정부의 행정을 지휘 및 감독하는 총괄관리

인 혹은 수석행정관의 임면권을 갖고 있는 유형임
- 수석행정관은 강시장제 하에서 강력한 권한을 갖는 시장이 시정부 행정전반에 대하여 지휘와 통솔권을 행사함에 있어 시장을 보좌하고, 특히 정치적 압력에서 해방될 수 있는 특별 막료기관적 성격과 기능을 하게 하기 위한 것이라 할 수 있음
- 반면, 의회를 중심으로 한 형태로 의회-책임행정관형으로 운영되기도 함
  - 의결기관인 의회에서 행정책임관을 임명·해고할 권한을 갖고 있음
  - 의결기관인 지방의원을 주민이 직접 선출하고, 집행기관인 시장을 주민 직선으로 선출하기도 하지만 지방의원 중에서 선임하기도 함
- 실질적으로 행정전반을 총괄하는 업무를 수행하는 수석(책임)행정관의 임면권이 집행부의 수장인 시장과 의결기관인 의회 중 누구에게 있는가로 나뉘는 것임
  - 어느 경우나 전문성을 가진 수석(책임)행정관 임명 시 행정의 효율성 확보가 가능하다는 이점을 갖고 있음

2) 위원회형 commission form

- 주민에 의해 선출된 3~7명의 위원들로 위원회를 구성하고, 이 위원들이 정책결정과 동시에 집행부서의 각 국(과)을 담당하는 형태로 위원회가 지방정부의 모든 기능을 통제한다고 할 수 있음
- 위원회의 구성원들은 소선거구제나 대선거구제로 주민들의 직접선거에 의해 선출되며, 합의제 기관으로 의회의 입법기능을 담당하고 위원 개개인이 각각 집행부서의 장으로서 책임을 진다는 점이 의회형과 다름
- 시장은 위원회 위원들에 의해 간접 선출되며, 집행기관의 장으로서의 역할보다는 지방자치단체를 대표하는 의례적 기능만을 수행하는 상징적 역할을 담당하고 있음
- 위원회형은 1724년 펜실베니아주에서 처음으로 도입되었으며, 이후 미국 전역에 확산되었음
- 20세기에 들어서면서 산업화와 도시화 등으로 인하여 지방정부가 처리해야할 행정문제가 구조적으로 복잡화·전문화함에 따라 신속한 대응체계를 요구하게 되면서 여러 가지 문제점이 나타나기 시작하였고, 이런 이유로 위원회형은 점차 감소하였음

3) 의회-시지배인형 council-manager form

- 주민의 직선으로 구성된 의회가 다시 행정기능을 담당할 시지배인을 임명하는 정부형태임
  - 즉, 의회는 전반적인 정책방향과 주요정책을 결정하고, 의회가 임명한 시지배인이 실질적으로 정책 집행을 책임지고 관리하는 구조임
- 시지배인은 모든 행정권한을 위임받아 의회가 결정한 정책을 책임지고 집행하는 일을 담당하며, 의회의 동의를 받아 행정부서장에 대한 임명·파면 등의 인사권을 행사하는 행정의 실질적 총책임자라고 할 수 있음
- 기능상으로는 의결기관과 집행기관이 분리되어 있지만, 의회가 집행기관을 총괄하는 시지배인을 선임한다는 측면에서 집행기관이 의회에 종속되어 있다고 할 수 있음
- 시장은 주민에 의해 직접 선출되기도 하지만 일반적으로는 의원들 가운데에서 윤번제나 선거 등을 통해 선출되며, 의례적이고 명목적인 기능만을 수행함
- 의회는 대개 5~9명으로 구성된 소규모 의회이며, 보통 대선거구제와 비정당표방 방식을 통해 선출됨
- 의회-시지배인형은 효율적인 경영방식을 모방한 기관운영과 정치·행정의 분리를 목적으로 도입되어 20세기 초 시애틀에서 시

작되었으며, 인구 25만 명 이하의 중소도시와 중산층을 중심으로 지역구성원의 동질성이 높은 교외 지역에서 주로 채택되고 있음

4) 주민총회형 town meeting form

- 지방자치단체 내에 거주하는 모든 유권자 혹은 유권자를 대표하는 다수의 주민들이 총회에 참석하여 지방자치단체의 정책결정에 참여하는 형태임
- 주민총회는 1년에 정기적으로 1회 타운에 거주하는 모든 유권자들이 모여 행정위원selectman을 선출하고 조례제정, 지방세율결정, 예산의결 등과 같은 중요정책을 스스로 결정하는 방식으로 운영됨
  - 행정위원은 보통 3~5명이 선출되는데 많은 지역에서는 최고 7~9명까지 선출되며 임기는 대개 1년임
  - 행정위원들은 실질적으로 타운 정부에 대한 운영 책임을 지고 있으며, 타운의 재산관리, 면허발급, 공무원 지휘감독, 임시주민총회 개최 등의 임무를 수행함. 또한 재무관treasurer, 재산평가관assessor, 교육위원school board 등을 임명하는데, 이들은 지역주민의 선거로 선출되기도 함
- 직접민주주의가 가장 잘 구현된 기관구성 형태라고 할 수 있는 주민총회형은 1660년대 뉴잉글랜드 지역 주민들이 새로운 개척지

에서 생존을 위한 수단으로 주민들의 의견을 직접 듣기 위하여 커뮤니티미팅 community-meeting 제도를 채택한 것이 시초였음
- 오늘날에는 자치단체 인구규모의 확대와 더불어 공공사무의 복잡성 증대 및 다양성 증가로 인하여 전통적인 주민총회제를 실시하기 어려운 실정이라고 할 수 있음
  - 실제로 주민들이 한 장소에 모두 모여 회의하는 것이 어렵기 때문에 주민의 대표자들이 의회를 구성하여 해당 문제를 결정하기도 하는데 이를 대표주민총회형 representative town meeting form이라고 함
  - 다른 유형으로의 변경 양상은 주로 시장-의회형 정부형태로 바뀌는 추세가 많이 나타나고 있음

2. 영국

- 헌법상 지방자치제도를 보장하는 나라들과 달리, 불문헌법 국가인 영국에서는 의회가 제정한 법률과 관습법이 지방자치의 근거가 되고 있음

1) 의원내각형 leader and cabinet executive

- 내각-내각지도자형 기관구성 형태라고도 함
- 영국의 대다수 지방자치단체가 채택하고 있는 기관구성 형태이며, 주민직선으로 구성된 의회에서 내각지도자를 선출하고 내각이 책임행정관을 별도로 채용하는 방식으로 행정의 전문성 확보 및 신속한 의사결정과 책임성 향상 등을 기대할 수 있음
  - 기존의 위원회 기능을 내각에 집중시킨 형태로 내각 지도자의 지휘 하에 정책의 의사결정과 집행기능을 수행하는 강력한 지도자 중심의 정치행정체제라고 할 수 있음
- 내각의 지도자는 지방정부가 시작하면서 개최되는 첫 회의연도 relevant annual meeting에 선출되며, 내각구성원의 수는 본회의 또는 내각지도자가 결정하는데, 일반적으로 단체장을 포함하여 10명 이내로 제한하고 있음
  - 내각 구성원이 아닌 의원은 조사위원회에 소속되는 형태를 띠고 있음

2) 직선시장-내각형 a directly elected mayor and cabinet executive
- 이 형태의 가장 큰 특징은 내각을 지휘하는 리더인 시장을 주민들이 직접 선출한다는 것임
  - 직선 시장은 4년 임기로 대외적으로는 지방정부를 대표하고 의사결정에 중요한 역할을 담당하는 강력한 리더십을 발휘함

- 시장은 의원 중에서 내각구성원을 임명하며, 내각은 예산과 정책 지침 하에 정책을 실행하는 구조임.
- 이 형태 역시 신속한 의사결정과 책임성 강화가 기대되지만, 집행기관인 시장에게 상대적으로 많은 권한이 부여되므로 의결기관인 의회의 역할이 축소될 가능성이 있음

3) 수정위원회형 alternative arrangements
- 의회는 주민들이 직접 선출한 의원들로 구성된 지방정부 최고 의사결정기관임
- 의회는 집행기관으로서 분야별·지역별 위원회나 보조위원회를 설치하여 행정 집행에 대한 최종적 책임을 짐
- 의회의 의장은 보통 1년 임기로 대외적으로 지방정부를 대표하지만 실질적인 정치적 영향력은 적다고 할 수 있는 반면, 다수파의 지도자는 정책결정과 운영에 커다란 정치적 영향력을 행사함
- 사무국은 수석행정관chief executive에 의해 총괄되며, 의회의 지시와 감독을 바탕으로 행정사무를 집행함
  - 사무국은 수석행정관, 각 부서 직원 및 책임자로 구성된 행정관리팀으로 구성되며, 행정관리팀chief officer management team이 정책 집행 전반을 담당하는 구조임

3. 독일

- 독일의 지방자치단체 기관구성 형태는 주에 따라 다양하게 나타나지만, 대체적으로 이사회형, 북독일의회형, 남독일의회형 3개 유형으로 구분할 수 있음

1) 이사회형 magistratsverfassung
- 전통적인 독일 유형으로 허센과 쉘레스바히-홀스타인주에서 도입하고 있는데, 의회와 집행기관이 엄격히 분리된 형태로 미국의 시장-의회형에 해당하는 형태라고 할 수 있음
- 의회는 주민에 의해 선출되며, 의회에서 이사회 위원과 의장을 선출하는 방식임. 또한 의회는 지방정부의 모든 사무에 대한 의결권을 갖고 있으며, 분과위원회를 구성할 수 있음
- 이사회는 남독일의회형의 시장과 북독일의회형의 행정관 기능을 행사하는 합의제 행정기관으로, 지방의회의 의결사항 준비 및 지방의회의 의결을 집행하는 역할을 수행하고 있음
- 이사회 의장은 시장이 되며, 자치단체장으로서의 권한과 지방자치단체의 행정에 대한 책임을 지고 있음

2) 북독일의회형 norddeutsche ratsverfassung

- 제2차 대전 이후 영국의 점령지역인 노르트라인-베스트팔렌과 니더작센주를 중심으로 도입된 기관구성 형태로, 영국 행정의 영향을 받아 의원내각제적인 제도가 골격을 유지하고 있음
- 지방의원은 주민의 직접선거로 선출되며, 지방의회가 최고의사결정기관으로서 자치단체를 대표하고 있음
- 의회는 시장과 집행기관의 지휘 및 감독자인 사무총장과 부사무총장을 선출하며, 사무총장은 부사무총장과 함께 공무원으로서 집행부를 담당하는 반면, 시장은 의회만을 담당하는 이원적 체계를 갖고 있음
  - 시장은 의회와 집행부간의 조정자 역할을 담당하며, 행정 관련 중요사항을 의회에 보고하고, 사무총장에게 행정전반에 대한 보고와 자료제시 요구권한을 갖는 반면, 사무총장은 행정에 대한 최고책임자로 계약직 공무원으로서 모든 행정사무를 관장하고, 시장에게 행정사무를 보고할 의무를 갖고 있음
- 북독일의회형에서 지방의회는 행정에 대한 정책 사항을 관장하면서 행정에 대해 막강한 영향력을 행사할 수 있는데, 특히 행정위원회가 일종의 소 자문위원회로서 행정에 대한 논의가 필요한 경우 비공식회의로 진행됨
  - 위원회의 역할은 집행부와 의회 간의 조정기능을 수행하는 것이

며, 단체장은 의회에 비해 상대적으로 권한이 매우 약한 형태라고 할 수 있음

3) 남독일의회형 süddeutsche ratsverfasung

- 2차대전 이후 미국의 점령지였던 바덴뷔르템베르크주와 바이에른주에서 채택된 형태로, 통일 이후 대부분의 동독지역에서 나타나고 있는 형태이기도 함
- 이 형태는 강력한 수장형 조직체계와 기관대립형 제도라는 특징을 갖고 있음
- 주민의 직접선거를 통해 지방의회 의장 겸 지방자치단체장을 선출하는 형태로, 주민에 의해 선출된 시장은 지방의회의 의장으로서 최고정책결정권을 갖는 동시에 자치단체의 수장으로서 지역을 대표하고 행정전반에 대한 권한을 행사하게 되므로, 정책결정과정 및 정책수행 책임의 소재가 분명하다는 장점을 갖고 있음
- 자치단체장은 지방의회 의장과 행정 및 위원회의 수장, 지자체의 외부 대표자로서 막강한 권한을 갖고 있지만, 지방의회가 집행부인 시장을 통제하며, 주요 정책사항에 대한 위원회를 구성하여 정책결정과정에 대해 합리적 대안을 모색하는 체제라고 할 수 있음

[주]

1) 이쯤에서 캔 윌버Ker Wilber 등이 말하는 홀론홀라키적holon-holarchy 체계를 떠올릴 수 있겠습니다. 물론 어디까지나 유비로서입니다. (Wilber, Ken. 2004. 『모든 것의 역사』. 조효남 역 : 대원출판; A Brief History of Everything : Shambhala Publications. 1996.)

2) 이 맥락에 확고히 설 때 제도정치권, 정치인들의 특권과 특혜의 축소·철폐가 온전한 정치혁신의 의의를 갖는 것입니다.

3) 이 정리는, 다음의 네 가지 조건을 충족하는 모든 경우에, 무작위로 추출한 사람들의 집단이 개별적으로 가장 우수한 사람들의 집단보다 문제를 해결하는 능력이 뛰어나다는 것을 수학적으로 증명합니다. 첫째, 어느 한 개인이 풀 수 없을 만큼 문제가 어려워야 한다. 문제가 쉽다면 집단적으로 해결해야 할 필요가 없기 때문이다. 둘째, 문제를 풀 개인들이 상대적으로 똑똑해야 한다. 문제를 풀 최소한의 능력이 없는 개인이 집단에 기여할 여지는 거의 없기 때문이다. 셋째, 개인들이 제시한 해결책은 최선의 해결책을 제외하고는 중복이 없을 만큼 다양해야 한다. 그 정도의 다양성이 없다면 개인들의 해결책은 서로 중복할 가능성이 높아져 해결책을 개선할 여지가 줄어들기 때문이다. 넷째, 집단을 추출할 모집단과 추출한 집단의 규모가 상대적으로 커야 한다. 모집단 및 추출한 집단의 규모가 너무 작다면 충분한 다양성을 확보할 수 없기 때문이다. 이상의 네 가지 조건을 충족한 경우, 개별적으로 가장 우수한 사람들의 집단이 보유한 문제 해결 방법의 수는 무작위로 추출한 사람들의 집단이 보유한 문제 해결 방법의 수보다 많을 수 없습니다. 전자보다 후자가 개별적 해결책을 개선하여 최선의 해결책에 도달할 여지가 항상 높습니다. 다양성이 가져오는 문제 해결 능력이 우수성

의 그것을 능가하는 것입니다.

4) 전자의 정리는 집단 예측 오차는 평균 개인 예측 오차에서 개인 예측 다양성을 뺀 것과 동일하다는 것이고, 후자의 법칙은 집단의 예측은 평균 개인의 예측보다 정확하다는 것입니다. 전자의 정리는 집단적 판단의 정확성이 개인적 판단의 정확성과 그 다양성 양자에 의존한다는 것을 말합니다. 개인적 판단의 정확성을 높이거나 혹은 개인적 판단의 다양성을 늘리면 집단적 예측은 보다 정확해집니다. 후자의 법칙은 전자의 정리로부터 파생합니다. 개인적 판단이 하나 이상이라면, 예측모델은 항상 양陽의 수이기 때문에 집단 예측 오차는 언제나 평균 개인예측 오차보다 작습니다. 집단 예측의 정확성은 언제나 평균 개인 예측의 정확성을 능가합니다.

5) 민관협력포럼 창립의 전사前史로는 '민관협력기획모임'이 있었습니다. 민관협력기획모임은 외국 학계 등에서의 거버넌스 논의와는 관계없이 당시 제2건국위원회 전문위원이던 이형용이 민관합동의 국가사회재구축 기획으로서 제2건국운동은 이미 실패했다는 인식과 동시에 그러나 '민관협력 패러다임'의 확산은 국가사회 발전을 위한 시대적 운동의제라는 인식에서 김성희 전문위원과 함께 의제의 내용을 발전시키고 사회의제화를 모색하기 위해 2000년에 젊은 정관계, 시민사회, 학계 인사들과 운영한 소모임으로, 뒤에 민관협력포럼의 맹아 내지 모태가 되었습니다.

6) 시민사회에 존재하는 조직을 명명하는 개념으로서 NGO, CSO, NPO 등 다양한 개념이 사용되고 있습니다. 이들 개념의 범주 및 위계성에 대해서는 정리가 쉽지 않습니다.

7) 자료출처 : Nye, Joseph S., Jr. 2002. "Information Technology and Democratic Governance". Kamarck, Elaine Ciulla and Nye, Joseph S., Jr.(ed.).Governance.Com: Democracy in the Information Age : Brookings Institution Press.

8) 박상필 교수는 행정이념으로 본질적 이념으로서 공익, 절차적 이념으로서 합법성, 민주성, 형평성, 책임성, 그리고 수단적 이념으로서 효율성, 효과성 등을 들고 있습니다.

9) 자료출처: 박상필. 2011. 『NGO학 : 자율 참여 연대의 동학』(개정판) : 아르케.

10) 자료출처: 박상필. 2014. "국가 거버넌스의 평가를 위한 분석 틀." 『NGO 연구9-2.

11) 자기조직화self-organization란 조직 내에서 일어나는 불안정과 무질서를 창조와 쇄신의 원천으로 수용하고, 조직이 안팎의 피드백을 받아들여 항구적으로 쇄신과 변형을 지속하는 것을 말합니다. 자기조직화에서는 조직을 부분으로 나누어 바라보는 환원주의reductionism를 지양하고 부분 간의 연결을 중시하는 시스템system이나 현상을 통합적인 관점에서 바라보는 전일주의holism를 강조합니다. 자기조직화는 프리고진Ilya Prigogine과 얀치Erich Jantsch와 같은 과학자에 의해 생명탄생의 원리에 적용되는데, 물질과 의식이 연결되어 물질에서 생명의 진화가 가능하다고 봅니다.

12) 자료출처: 박상필. 2021. 박상필·이형용. 『거버넌스 교육론』: 휴머니즘.

13) 이에 우리는 기본적으로 '거버넌스' 용어를 사용하며, 필요에 따라 협치를 거버넌스와 상호교환하는 개념으로 사용하더라도 협치의 개념에 본래의 급진적 거버넌스 의미를 함축하는 것으로 사용합니다. 그리고 보다 대중적인 거버넌스 캠페인을 모색하는 마당에 대체 용어 개발에도 관심을 가지고 있습니다.

14) 이 문제를 깊이 생각하고 다룰수록, 공동체 운영에서 권한의 원천, 권한의 기능, 책임 소명 방식, '책임질 권한'의 개발 문제 등이 반드시 풀어내고 돌파해야 할 이슈와 과제로 점점 선명하게 다가올 것입니다. 그리고 그 해결의 임계점이 아마도 현대 민주주의(원리, 체제, 작동 양식)를 넘어서는 변곡점이 될 것입니다. 훗날 역사에서 돌아보면, 그 임계점까지 현대 민주주의는 지속적으로 자신의 경계를 확장하는 심화, 진화의 길을 간 것으로 기록할 것으로 전망할 수 있겠습니다.

15) 20-39세 여성 / 65세이상 인구 비율이 0.5 미만

16) 재정자립도: 1997년 63%→ 2021년 48.7% (특광역시 89.4→58.9, 도 42.5→36.5, 자치구 51.6→28.5, 시 53.3→32.3, 군 21.2→17.3)
재정자주도: 2007년 79.5%→ 2021년 70.8% (특광역시 83.1→67.4, 도 51.0→46.5, 자치구 67.6→44.8, 시 72.1→60.9, 군 65.3→61.2)

※ 재정자립도= (지방세+세외수입) x 100 / 일반회계 예산규모
재정자주도= [자체수입(지방세+세외수입)+자주재원(지방교부세+조정교부금)] x 100 / 일반회계 예산규모

17) 정당법상 정당설립 요건에는 중앙당을 수도에 두어야 하고, 1천명 이상의 당원으로 구성되는 5개 이상의 시도당을 결성해야 한다는 규정이 있습니다.

18) 이는 우리의 지방자치가 현대사의 극심한 변동과 변곡의 와중에 정치적으로 주어진 제도라는 데서 기인하는 측면이 작용한다고 할 수도 있습니다.

19) 이를 통해 소규모 지방정부를 제외한 각 지방자치단체는 직선시장-내각형a directly elected mayor with a cabinet, 내각-내각지도자형(의원내각형)a cabinet with a cabinet leader, 직선시장-관리자형a directly elected mayor and council manager 중에서 주민투표 등의 절차를 통해 자율적으로 선택할 수 있도록 하였습니다.

20) 이 세 가지 유형에 대한 구체적인 설명은 이 책 뒤 가운데 외국 지방정부 기관구성 사례에서 소개하고 있습니다.

21) 프랑스의 국가 최하위 행정단위인 동시에 법인격을 갖춘 지방자치단체로, 단체장은 위임사무의 수행 및 국가 최하위 행정기관으로서의 역할과 관련하여 제한적으로 프레페prefet의 지휘, 감독을 받습니다. 코뮌의 단체장은 국가의 보통행정기관 장의 지위도 보유하고 있습니다.

22) 현대 민주주의와 지방자치제 하에서 지방정부도 정부인 까닭에 구성 과정, 구성의 정당성, 구성의 논리 등에서 근원적으로는 중앙정부와 다르지 않다고 할 수 있습니다. 현실에서도 조직과 운영의 요체라는 측면에서 중앙정부와 지방정부 간에 근본적인 차이가 있다고 하기는 어렵습니다. 그러나 그렇다고 해서 중앙정부와 지방정부가 규모와 힘의 크기만 다를 뿐 똑같은 정부라고 할 수는 없습니다. 이 글이 결과적으로는 현대 대의제 하의 정부 일반의 논리와 현실에 비추어 우리의 주장과 견해, 제안을 이야기하는 것이 될 수 있겠으나, 주제에 대해 사유를 하고, 글로 쓰는 순간에는 어디까지나 지방정부를 염두에 두고 있노라는

정도로 이야기하고 가겠습니다. 글쎄요, 그러고 보면 지방정부의 특색, 특징에 비춘 거버넌스형 정부조직의 원리와 운영 요체에 대해서 이야기하는 셈이 되려나요?

23) 비유로 말하건대 시장의 효율성 방정식은 '최소 투입에 최대 산출', 현대 정치의 효율성 방정식은 '최대 투입에 적정 산출'로 정식화할 수 있을 것입니다.

24) 이는 근대정부 구성의 주요 원리라고 할 수 있는 '견제와 균형의 원리'와 대비해서 읽어도 좋을 것입니다.

25) 여기서 교육이 필요하다는 이야기는 새삼스럽게 할 이야기는 아닙니다. 교육은 정말 중요합니다. 그렇게 다 아는 이야기이고, 그래서 굳이 하지 않아도 되는 이야기입니다. 다만, 이를테면 공무원 교육의 내용, 포인트, 방법론 등은 따로 쓸 필요가 있겠습니다. 박상필, 이형용 공저(2021)로 거버넌스센터에서 발간한 『거버넌스 교육론』을 참고해도 좋을 것입니다.

26) 우리의 맥락에서 더 근원이 되는 문제는 권한의 배분, 공유가 아니라 책임의 배분, 공유 문제입니다. 왜냐? 행정의 권한은 행정이 민간에 분배하면 됩니다. 즉, 위임하면 됩니다. 그런데, 과연 책임의 버분도 원천적으로 가능한가? 책임 배분의 정당성 근거는? 행정의 책임은 주권자에게 지는 것입니다. 그런데 행정이 사업하고 집행할 권한을 민간에 배분한다 해도, 주권자에 대한 척임까지 배분할 수 있는가? 권한을 분배 받은 자가 권한을 배분한 이에 대해서가 아니라 그 권한을 최초에 위탁한 주권자에 대해서 감히 책임질 수 있는가? 언제 주권자가 그에게 책임질 권한을 줬는가? 이렇게 한 걸음 두 걸음 들어간다면, 현재의 대의제 정치 철학과 행정의 원리 상에서 과연 정부 파트너십에 참여하는 민간이, 주권자로서 전체주민이 아닌 개별 민간이, 행정에 대해 권한의 배분을 '요구'할 수는 있는 것일까? 그 요구는 과연 정당성이 있는 것인가?

27) 현실에서 적지 않은 지자체들에서 로컬거버넌스 기구라고 하면서 이른바 '협치위원회'를 운영하고 있습니다. 그런데 이는 거버넌스에 대한 부적확한 이해나 성급한 정치적 성과주의가 작용한 혐의가 짙은, 거버넌스 본령에 어긋나고 경우에 따라서는 거버넌스의 민주주의 진화와 분권자치 혁신 상의 의미를 희석하고 나아가 거버넌스 패배주의나 부정적 인식을 초래할 수 있는 부적절한 경우가 다수입니다. 특히 거버넌스 시대라는 현재의 지방정

치행정 발전 속도에 비추면 또 하나의 기존 시정위원회에 불과한, 이름만의 거버넌스 기구가 대다수입니다. 이와 관련해서 이야기할 거리가 적지 않지만, 이 글의 범위상 상세한 이야기는 다른 자리로 미루도록 하겠습니다.

28) 정치가 국민을 걱정하는 것이 아니라 먹고살기 바쁜 국민이 정치를 걱정하게 만들고 있는 골칫덩이 여의도 정치는 안타깝지만 스스로 혁신의 동력이 거의 소진되었다고 본다면, 바라기로는 현실 여의도 정치를 극복하고 '다른' 정치의 길을 열어갈 새로운 정치 주체의 주요 그룹으로 주민주권의 자치분권 패러다임을 체화한 혁신적 지방정치인이 포함되어야 할 것입니다.

29) 예로서, 거버넌스센터에서 수행한 서울시와 경기도의 거버넌스체계에 관한 연구 과제의 일환으로 실시한 관계자 집단면접(FGI) 조사 가운데 서울시의회, 경기도의회 및 의원들의 거버넌스 인식에 대한 조사에서 공통으로 나타납니다.

30) 이 활동에 대한 모델 사례로는 <2020 거버넌스지방정치대상공모대회> 지방의원부문 대상을 수상한 김광란 광주광역시의원 같은 실제 사례가 있습니다.

31) 이 활동에 대한 모델 사례로는 <2019 거버넌스지방정치대상공모대회> 지방의원부문 대상을 수상한 전기풍 거제시의원 같은 실제 사례가 있습니다.

32) 물론, 그 와중에 언론은 언론대로 현실에 개입하고 싶을 때 시민운동, 시민사회 활동가들을 유용한 스피커로, 때로 혹은 자주 선택적으로, 활용한 측면이 있었다고 봐야 할 것입니다.

33) 이는 지금의 주류 정치정파 그룹과 관련하여 자주 지적되는 행태적 문제점에도 투영되어 있다고 볼 수 있습니다.

34) 이것을 '가치' 관점에서 풀어 이야기한다면, 선악시비의 문제나 단순한 가치 분배만의 문제가 아니라 지역사회 내에 새로운 가치, 혹은 부가 가치를 창출하는 데서 민의 몫이 상당 부분 주어질 수밖에 없는 현실임을 인지해야 합니다. 현재 같으면 관은 상대적으로 가치 관리를 투명하고, 생산적으로 그리고 미래지향적으로 하는 일에 역할과 책임을 강조하는

것이 순리일 것입니다.

35) 이 대목에서는 관료체제의 역사적 우수성에 대해서 있는 그대로 바라보고, 필요하다면 배울 필요가 있습니다.

36) 미국의 비영리단체 B-Lab이 처음 만든 인증제도입니다. "B" benefit(혜택)은 profit(이윤)의 대비어로, 기업이 B-Corporation 인증을 받으려면 지배구조, 근로환경, 지역사회, 환경 기여도 등 4가지 분야에서 평가를 받아야 합니다. 미국에서는 비콥이 추구하는 기업 상을 새로운 기업모델로 보장, 촉진하기 위하여 뉴욕주를 비롯한 다수의 주들이 B-Corporation 법을 제정하였습니다.

37) 단순한 지칭으로는 '총괄기구'라고 하겠으나, 그것의 역할 본령 내지 본질적 기능이 '조정'이라고 볼 때 '총괄조정기구'라고 칭하는 것도 무방하겠습니다. 혹은 그 상像의 전달이 더 적확해질 수 있어서 유리할 수도 있겠습니다.

38) 열린 휴머니즘의 '열림'에 대한 상세한 이야기는 다음 기회로 미루도록 하겠습니다. 작심하고 이야기하자면 이 이야기만으로 책 한권 이야기는 해서 마땅할 것입니다. 그래도 한 마디는 해보라 한다면, 휴머니즘은 본원에서 개개 실존과 류類 양자 차원에서 안을 향하여 열리고 밖을 향해서도 열린 휴머니즘이고 그러해야 하리라는 이야기는 하겠습니다. 사실 이에 대해 우리는 오래전 『디지털 시대의 휴머니즘』(2000 : 한국문화사.)에서 어지간히 이야기 하였습니다. 이 책은 『21세기에 태어난 장자 - 밀레니엄 전환기의 휴머니즘운동론』(1997 : 태양.)의 재인쇄판입니다.

39) 우리는 일부러 '총괄체계'에 대해서 따로 정의하거나 규정하지 않았습니다. 혹은 않습니다. 미래의 일, 더 정확히는 운동의 미래 지향 차원에 걸려 있기에 상像을 제시하고 의의를 제안해 가는 방식이 더 합당하고 유력할 수 있다 생각하는 것이고, 그런 점에서는 이를테면 이가. 의 내용, 특히 마지막 단락이 뚜렷이 그에 해당하는 것이 되리라 여깁니다.

거버넌스 지방정치론

추천의 글

로컬거버넌스의 새로운 패러다임 제시

현대정치사회는 거버넌스governance 시대입니다. 특히 지세화地世化:locbalization: localization+globalization 시대의 등장과 더불어 지방정치가 발전되면서 로컬거버넌스local governance의 중요성이 더욱 강조되고 있습니다. 20세기를 세계화와 지방화의 합성어인 세방화世方化:glocalization 시대라고 한다면, 21세기는 "지방이 세계를 움직인다local action moves the world"라는 지세화 시대이므로 이에 대한 패러다임 역시 변화되어야 합니다.

그러나 아직도 우리는 세방화시대에 따른 지방정치를 추구하고 있어 지방정치의 중요한 요소인 거버넌스를 제대로 적용시키지 못할 뿐만 아니라 이에 따른 지방정치 발전도 본 궤도에 오르지 못하고 있습니다. 이에는 거버넌스 시대에 제대로 된 체계적인 로컬거버넌스 패러다임을 제시하는 지방정치 관련 문헌이 부족한 요인도 있습니다.

지방정치 발전에 새로운 패러다임을 갈구하던 차에 『거버넌스 지방정치론』 출간은 민선8기 지방자치의 출범과 더불어 반가운 소식이 아닐 수 없습니다. 『거버넌스 지방정치론』의 저자인 이형용 거버넌스센터 이사장은 오랜 기간 거버넌스 운동과 분권자치 캠페인에 열정적으로 헌신하며 현장 경험을 축적한 시민운동가입니다.

『거버넌스 지방정치론』은 기존 문헌들에 대한 단순한 비교연구에 기반하거나 아카데믹한 것이 아니라 저자 스스로의 현장 활동과 경험에서나 나올 수 있는 생생한 목소리와 언어들을 기반으로 집필한 것입니다. 따라서 『거버넌스 지방정치론』은 더욱 실증적이고 생동감 있는 내용을 담고 있어 지세화 시대에 걸맞은 거버넌스의 새로운 패러다임 제시로 볼 수 있습니다.

한국의 지방자치제 시행도 1991년 지방의회 의원 직선으로 부활한 지 어느덧 31년이 되었습니다. 이제는 우리의 지방정치도 초기의 시행착오기를 지나 발전기를 통한 공고화의 시대를 맞는 제대로 된 지방정치가 이루어져야 합니다. 따라서 오늘날의 시대 환경, 지방 현실에 부합하는 지방정치의 길잡이, 안내서가 어느 때보다 절실하게 필요한 시점입니다. 이런 차원에서 『거버넌스 지방정치론』 출간은 참으로 시의적절하고 또한 뜻깊습니다.

특히 전부개정된 지방자치법이 올해 1월 13일부터 시행됨으로써 지방의회가 더욱 주목받고 있으며, 그 권한도 상당히 커졌습니다. 『거버넌스 지방정치론』에서는 지방의회론 장을 두고, 지방의회 위상강화 캠페인의 방향, 그리고 지방의원의 새로운 역할모델과 의정 활동 방안에 대해 로컬거버넌스 관점에서 아주 새로운 패러다임을 제시하고 있어 대우 신선하고도 실제적입니다.

『거버넌스 지방정치론』에서 제시하고 있듯이, 로컬거버넌스 철학과 원리에 따라 지방정치 주체들이 지역 안에서부터 분권을 솔선하여 실천하고 모든 지역사회 주체들이 그 효능을 함께 하면서 자치를 활성화하여 그렇게 축적된 지역역량을 기반으로 중앙-지방 파트너십으로 한국 사희발전, 정치발전상의 큰 숙제인 지역주권의 분권과 주민주권의 자치를 성취해 갈 수 있을 것입니다.

끝으로 저는 『거버넌스 지방정치론』이 민선 8기 지방정치 관련 인사들에게 훌륭한 길잡이가 되리라 믿습니다. 『거버넌스 지방정치론』에서 제시한 내용들을 잘 이해하고 실천하면 지방정치가 제대로 혁신되고, 지방정치의 위상과 역할이 커지게 되며, 따라서 우리 모두가 바라는 한국정치의 혁신을 앞당길 수 있으리라 믿습니다. 이에 『거버넌스 지방정치론』을 지방자치단체장, 지방의회 의원들은 물론 지방정치에 관심이 있는 모든 분이 읽고 잘 실천하기를 바라는 마음으로 추천합니다.

김영래
아주대 명예교수
전 한국정치학회장

추천의 글

지역 거버넌스와 혁신에 관한 혜안

 필자가 사는 아파트단지는 공중목욕탕을 운영한다. 탈의장엔 다음과 같은 수칙이 붙어 있다. "1. 수건은 한 장씩만 씁시다. 2. 헤어드라이어는 두발 건조에만 사용합시다. 3. 스킨과 로션은 얼굴에만 바릅시다." 그러나 이런 당부에 아랑곳하지 않는 주민들이 허다하다. 자기가 쓴 수건이나 일회용품을 팽개치고 떠나기도 한다.

 2009년 노벨 경제학상을 받은 엘리너 오스트롬은 주인 없는 공유지가 남용·고갈되는 비극을 막으려면, 구성원의 의사결정 참여와 소통, 신뢰와 호혜가 필수라고 설파했다. 곧, 집단 내부에서 숙성된 제도는 성공하지만, 외부로부터 강요된 정책은 실패하기 쉽다. 프랑스혁명과 러시아 농노 해방이 실패로 끝났으나 미국혁명과 노예 해방이 성공한 건 '주(州) 정부'라는 자치제도 덕분이다.

 건강한 공동체를 유지하려면, 구성원의 공공의식(사심 없는 공동체 걱정)과 절제(경청·존중·선의·인내·양보·관용)가 긴요하다. 그래야만 숙의·설득을 거쳐 원만한 합의에 이를 수 있다. 번거로워도 '충실한 반대'나 복잡한 이야기를 귀담아들어야 한다. 최소공배수를 찾아 그 동심원을 넓히고 차선을 수용해야 한다. 치열한 글로벌 경쟁에 노출되고, 인구 소멸 위기에 직면해 있는데도 각자도생으로 '뺄셈의 늪'에서 허우적거리는 지역공동체가 적지 않다. 자율과 분권을 강화하고 지역 거버넌스를 활성화해 혁신역량을 드높이는 게 공멸에서 벗어날 정공법이다.

  이 책은 바로 그러한 거버넌스 지방정치의 원리와 방향, 나아가 실천 방안까지 안내하고 있다. 저자는 한국에서 거버넌스 캠페인의 효시가 된 「거버넌스센터」의 전신 「민관협력포럼」 창립부터 20년 이상 거버넌스 운동, 그리고 거버넌스 철학에 기초한 다양한 사회통합 캠페인을 펼쳐왔다. 지역 거버넌스와 혁신에 관해 혜안을 갈구하는 분들은 책에 담긴 그의 발자취, 고뇌와 노력을 만나보길 권한다.

박재완
성균관대 명예교수
전 기획재정부장관

추천의 글

거버넌스 정착을 도와주는 요긴한 지침서

『거버넌스 지방정치론』 발간을 진심으로 축하드립니다. 거버넌스센터 이형용 이사장은 거버넌스 정착에 20여 년이 넘게 우공이산의 노인처럼 한결같이 한 길을 걸어온 분입니다. 대한민국 지방정부 행정에 거버넌스 개념을 도입한 현장운동가로서 그동안 활동한 내용들이 정리되어 이렇게 책으로 발간되었는데, 거버넌스를 구상하는 분들에게 아주 유익하고도 구체적으로 거버넌스 추진의 방법론을 제시할 것으로 기대됩니다.

거버넌스라는 개념은 지방행정을 수행하는 데 있어서 집행기관인 단체장과 의결기관인 지방의회, 그리고 공무원 등이 독단적으로 하지 말고 시민사회와 이해관계자 집단 등 주민들과 논의를 충분히 하여 가장 바람직한 결과를 도출하라는 것입니다. 그러기에 사실상 정치의 영역입니다.

지금 시대가 복잡하게 변화하고 있습니다. 전환의 시대이고 문명사적인 대변동의 시대가 다가오고 있습니다. 행정환경이 빠르게 변화되면서 복잡해지고 있습니다. 기후변화와 지구온난화로 인한 환경과 생태계 파괴가 급속하게 진행되고 있고, 4차산업혁명으로 인공지능 중심의 트랜스휴먼과 메타버스라는 가상세계, 우주세계라는 현실세계 등이 혼재되어 다가오고 있습니다. 우리가 살아가는 공동체도 무엇이 옳고 그른지 분별이 어려워 방향성을 잃어가고 있습니다.

이러한 때에는 집단지성적인 거버넌스 접근이 더욱 중요해집니다. 협치와 파트너십을 전제로 하는 거버넌스 방법으로 지방정치를 해야 문제를 풀 수 있는 시대가 되고 있다는 것입니다.

지방정부가 거버넌스를 잘 해야겠다는 추진원칙을 이제는 명확히 해야 할 때입니다. 대표자 중심의 엘리트주의는 우월주의와 권위주의를 낳습니다. 지방자치단체의 기관구성을 거버넌스를 잘하는 시스템으로 바꾸고, 시민사회가 자립적이고 자율적 존재로 성장할 수 있도록 시스템을 구축하고, 지방의회와 시민사회가 협력파트너십을 발전시킬 시스템도 구축할 때가 되었습니다.

거버넌스가 활성화되면 민주주의는 내실화되고 주민들은 존중받습니다. 지역은 혁신되고 지역사회는 성장하면서 대한민국도 더욱 발전하여 세계중심국가로 도약할 것입니다.

이 책 『거버넌스 지방정치론』은 거버넌스 정착을 도와주는 요긴한 지침서가 될 것입니다. 이 책이 지역과 국가 모두에게 큰 도움이 될 것으로 생각하기에 감히 추천하는 바입니다.

박승주
세종로국정포럼 이사장
전 여성가족부 차관

추천의 글

민주주의 전반의 질적 진화를 위하여

나는 이 원고를 보면서 이형용 선생이 시적詩的 낭만이 있는 이상주의를 견지하면서도, 우리에게 그다지 익숙해 보이지 않는 '거버넌스'라는 영역에 한결같이 집중하여 괄목할만한 성과를 일구어낸 실천가라는 점을 새삼 느꼈습니다.

나에게는 거버넌스에 대한 교과서를 접하는 느낌이었습니다.

저자가 '거버넌스'를 통해 추구하는 이상이 평소 내가 바라는 이상과 겹쳐져 큰 공감이 있었습니다.

그는 큰 이상을 말하고 있습니다. 아마도 이 꿈이 그가 어려운 조건 속에서도 일관되게 노력할 수 있는 동력이 아닌가 합니다.

"결국 거버넌스는 패러다임의 문제이고, 민주주의의 진화의 문제입니다. 그리고 한 국가 사회에서 거버넌스 캠페인의 총화와 매듭은 다원영역체제 '거버넌스국가' 구현으로 귀결될 것입니다. 나아가 마침내는 세계의 선진화善進化 과정의 총체로서 글로벌거버넌스의 지난하고 오랜 진화 과정을 거쳐 미답의 영역인 다원적이고 민주적인 휴머니즘 세계정부(국제기구로서의 UN이 아니라)의 지향, 그리고 차이를 다만 차이로 인정하면서 모두가 자유롭게 자아실현하는 성숙한 휴머니즘 사회체제의 지향과 함께하리라고 전망할 수 있습니다."

그리고 구체적 실천을 지역에서 출발합니다.
때로는 희망에 고무되기도 하고, 난관에 봉착하기도 하면서 한 걸음 한 걸음 나아온 역정들을 읽을 수 있었습니다.
그는 정치·사회 체제이행 패러다임으로서 거버넌스 정치혁신의 함의는 한마디로 '제도정치(권력)의 축소와 공동체 정치(역량)의 확대'라고 말하고 있습니다.
이 말에서 알 수 있듯이 결국 거버넌스는 지금까지의 제도권력이라는 기득권층의 저항을 넘어서는 것과 공동체 정치역량 확대를 통한 '권한과 책임의 획기적 재구성'을 통해 발전하는 것입니다. 이 둘은 서로 원인과 결과로 순환하는 밀접한 관계입니다.

그는 지금의 현실을 다음과 같이 파악하고 있고, 대체로 동의가 됩니다.
"우리는 대의민주주의의 대체재가 보이지 않고 말 그대로의 온전한 의미에서 직접민주주의self-governing가 어떤 의미에서든 시기상조인 지금 상황에서 민주주의 진화의 길로서 거버넌스를 적극 제안하는 것입니다."

그리고 구체적인 실행의 가장 중요한 요소를 다음과 같이 말하고 있습니다.

"거버넌스의 핵심요체는 '파트너십'입니다. 거버넌스는 단순한 참여, 그것도 시민 개인의 참여가 아니라 부문영역 간 혹은 그룹 간 수평적 파트너십이 핵심입니다. 그리고 파트너십은 당연히 성찰, 즉 자기 자신에 대한 성찰과 파트너에 대한 이해와 배려를 요구합니다. 따라서 '성찰'은 파트너십에 필히 수반되는 거버넌스 수행의 또 다른 요체입니다. 아울러 파트너십은 그 전제이자 수행 결과의 축적으로서 '신뢰'와 함께 가는 것입니다."

결국 '제도와 사람(의식)'이 어떻게 시너지를 발휘하는가에 거버넌스의 발전 속도가 달려 있다고 하겠습니다.

저자는 "거버넌스는 제도 없이도 실행 가능합니다. 그러나 주체의 변화 없이 거버넌스 구현은 불가능합니다."라고 말하며, 사람(주체)의 변화를 중시하며, 그 덕목에 대해 구체적으로 살피고 있습니다.

여러 필요에 따른 거버넌스 제도의 확대는 돌릴 수 없는 추세이지만, 그 성공은 주체역량의 진화에 달려 있다고 보는 것입니다.

그리고 그를 위한 실제적 노력과 성과들이 여러 사례를 통해 소개되고 있습니다.

지금 우리는 팬데믹이나 기후변화와 같은 생태적 재앙이라는 미증유의 인류적 위기에 직면하고 있고, 나라 안에서는 낡은 판과 틀들이 깨지는 정치적 혼돈을 겪고 있습니다.

이런 이중二重의 위기를 벗어나는데 거버넌스가 대단히 중요한 역할을 하리라는 것은 명확해 보입니다.

백가쟁명百家爭鳴은 새로운 시대를 열어가는 과정에서 나타나는 현상입니다.

아마도 거버넌스 운동에도 이런 현상이 있을 것입니다.

이런 현상이 '부서져 흩어지는' 과정이 아니라, '깨어나 열리는 과정'으로 되도록 최선을 다해야 한다고 생각합니다.

아무쪼록 저자의 노력이 이 방향에서 큰 도움이 될 것으로 생각하고 응원합니다.

거버넌스는 모든 분야에서 민주주의를 심화시키는 것과 함께, 경제 분야에서도 특히 기업의 ESG 운동을 통한 좋은 생산관계나 협동조합에서는 좋은 생산력으로 이어짐으로써 자본주의를 개선하는 핵심적 역할을 할 수 있을 것입니다.

 이 글들은 거버넌스를 실천하는 현장에서 저자가 한 이야기들을 모은 것입니다. 책을 준비할 충분한 시간이 없었지만, 새로운 지방정부와 의회가 개시되는 시점에 도움이 되었으면 하는 저자의 희망이 전해져 옵니다.

 저자의 일관된 이상과 구체적 실천들이 이 운동의 진보 더 나아가 민주주의 전반의 질적 진화에 도움이 되기를 바랍니다.

이남곡

인문운동가

연찬문화연구소장

청년 추천의 글

...

거버넌스는 정부의 역할과 운영체계, 사회문제의 조정과 해결방식에 관한 접근법이다. 거버넌스는 권력분산과 무중심사회의 필요성, 소비자가 아닌 주체로서의 사회구성원의 역할전환 등에 활용되고 있다.

이 책은 거버넌스를 신복지와 공동체 운영시스템으로 연결하여, 지방자치와 행정 패러다임 전환의 개념과 필요성, 그리고 방향성을 제시해주고 있다. 20여 년간 거버넌스를 연구하고 접목해 온 저자가 제시하는 로컬거버넌스 모델은, 수십 년의 역사에도 불구하고 자리 잡지 못하고 있는 지방분권과 협치 문제의 훌륭한 안내자이자 대안이 될 수 있다고 생각한다.

한국사회는 다양한 현상과 원인에서 기인한 언택트 시대를 극복할 수 있는 민주주의 시스템을 요구받고 있다. 저자는 사회 제 영역 구성원들의 수평적 역할과 연결을 가능하게 하는 휴머니즘적 새로운 사회시스템에 대한 고찰과 로컬거버넌스 패러다임으로 해결법을 제시하고 있다.

김효주(대한민국청년포럼 대표, 서울대학교 박사수료)

새로운 비전과 정책을 제시하는 고민을 갖고 있는 젊은 정치인들이 꼭 읽어보면 좋겠다. 우리가 직면한 과제와 위기를 해결하는데 적합한 제도와 비전을 거버넌스 국가론, 정치론, 지방정치론으로 친절하게 자세하게 설명해주고 있다.
경제사회 발전 속도에 뒤쳐지는 정치의 발전 속도를 높이고, 다양한 요구와 가치를 지닌 국민 개개인의 번영과 동시에 글로벌 공동체의 번영을 일구는 조건과 환경을 만들어 내는 비전을 이 책에서 찾을 수 있다고 생각한다.

정현호(정책벤처 인토피아 대표, 전 자유한국당 청년비대위원)

• • •

산업화, 민주화 이후, 저탄소·디지털 대전환을 맞이한 우리가 마주한 현실은 '극단의 혐오와 차별'로 사회적 갈등이 최고조에 달하며, 불평등과 양극화 심화 속에 사회적 배제 현상 역시 심화하는 등 사회 전반에 경고등이 켜진 위기상황이다.

이처럼 '생계로 인해 권리가 위협'받는 상황에서 인간의 존엄성인 '삶의 격'을 지키기 위해서는 매일매일 사투를 치열하게 벌이는 수밖에 없다.

한 명의 시민으로서 우리가 할 수 있는 일은 '시민권을 되살리고, 확대하고, 지키는 일'이며, 개인 혼자 삶의 위기와 위협을 짊어지는 구조가 아닌, 다양한 로컬거버넌스 참여의 경험을 통해 성숙한 시민들이 '신복지사회 거버넌스국가'를 함께 만들어 나간다면 잿빛 하늘은 맑게 갤 것이다.

『거버넌스 지방정치론』에서는 성숙한 휴머니즘 사회체제인 '신복지사회 거버넌스국가'를 제안한다. 이 제안에는 우리가 '발 딛고 살아가는 지역' 그리고 '지금, 여기, 이 순간'의 생의 가치와 삶을 존중하는 휴머니즘 거버넌스 철학이 담겨있다. 또한, 지방정부, 지방의회, 지역 시민사회 등 각각의 역할과 과제 역시 구체적으로 다루고 있어 '휴머니즘 거버넌스국가'를 함께 만들어 나갈 시민과 정치인 그리고 공무원 모두에게 유익할 것임을 믿어 의심치 않는다.

지금, 이 순간에도 '온 힘', '온 마음'을 다해 생의 가치를 빛내며 살아가고 있는 동료 시민 모두가 '끝까지 끈질기게 안녕? 거버넌스야!' 하며, 통치 혹은 협치라는 도구로서의 거버넌스가 아닌, 지역에서의 실천과정에서 인간의 존엄을 지키고, 시민권을 확대하는 계기가 되기를 희망한다.

조은주(경기도일자리재단 청년일자리본부장, 국무총리청년정책위원)

· · ·

민주주의 과정에서 사회는 공동의 목표를 향해 어떤 방향으로 나아가야 하는지 고민하고, 치열하게 토론하며 도출된 결과를 이루기 위해 함께 노력하고 있습니다. 그리고 이러한 일련의 과정들을 '거버넌스'라 부릅니다.

이형용 이사장님은 오랫동안 대한민국 정치사와 거버넌스 성장과 발전을 위해 꾸준한 연구를 이어오신 권위자로서 이 책에 민주주의 사회에서 거버넌스가 가진 중요한 역할과 이를 실현하고 성장시키기 위한 여러 방안들을 특히 지방분권에 초점을 맞추어 제시하고 있습니다.

대한민국 정치 발전을 위하는 많은 사람들에게 교과서처럼 여겨지길 희망합니다. 특히 지역사회를 위한 원대한 꿈을 준비하는 청소년, 대학생에게 권하고 싶습니다.

이정인(더불어청소년위원회 위원장)

| 저자소개 |

이형용(李炯龍)
거버넌스센터 이사장

한국사회 한 단계 도약을 위하여 민주주의 심화와 인간화를 위한 사회정치네트워크가 확산되고 지형이 확대되기를 소망하며 활동을 이어 가고 있다. 지금껏 그리고 지금도 더 나은 미래를 향한 연찬과 모색, 실천을 지속하면서 정부기구, 학회, 시민·사회단체에서 다양한 역할로 거버넌스 정치 혁신 기반을 든든하게 하는 시공간을 살아가고 있다.
휴머니즘 거버넌스 가치와 문화가 '지금 이 곳'에서 숨 쉬어질 수 있게 세대·지역·부문 연대로 성찰과 파트너십에 기초한 시민사회 혁신을, 그리고 안으로부터 분권강화에 솔선하는 분권자치 혁신을 만들어가고 있다. 자기존엄과 타인존중이 지금까지의 성취를 '다음'으로 잇는 힘이 되도록 새로운 프로그램을 준비 중이다. .

<활동>
- 서울대학교 철학과 졸업
- 도산안창호선생기념사업회, 흥사단, 「장애인먼저」 실천중앙협의회, 미래사회와성교성연구원 등 시민·사회단체 활동
- 부패방지위원회, 대통령소속 제2의건국범국민추진위원회, 대통령소속 지속가능발전위원회, 대통령소속 사회통합위원회, 대통령실정책자문위원회 등 정부기구 간부 및 위원 활동
- 한국행정연구원협력·갈등관리연구단, 한국조직경영개발학회, 한국NGO학회 등 연구단체 임원 활동
- 일간신문에 두 차례에 걸쳐 2년여 기간 칼럼 연재 등 저술 활동

<주요 저서>
『21세기에 태어난 장자-밀레니엄 전환기의 휴머니즘운동론』(1997)
『디지털 시대의 휴머니즘』(2000, 『21세기에 태어난 장자』의 개정판)
『휴머니즘@패러다임』(2000)
『전환기 사회운동 패러다임의 재구성』(2011)
『신복지사회 거버넌스국가를 향하여』(2012)
『대한민국 정책운동의 길을 묻는다』(공저, 2012)
『거버넌스 국가를 위하여』(공저, 2014)
『거버넌스형 지방정부 조직과 운영 모색』(공저, 2018)
『자치분권 캠페인의 혁신과 거버넌스 전략』(공저, 2019)
『거버넌스 교육론』(공저, 2021) 등

거버넌스국가 신서4
거버넌스 지방정치론

인쇄일 2022년 7월 1일
발행일 2022년 7월 15일
지은이 이형용
디자인 최연희

등록번호 제 2016-000044 호
주 소 서울시 영등포구 버드나루로 50 리버타워오피스텔 606호
전 화 02)396-2252
팩 스 02)396-2253
이메일 governance21@naver.com
ⓒ이형용, 2022

ISBN 979-11-85571-28-7

정가 32,000원